绿色食品
Greenfood

2019
绿色食品发展报告

中国绿色食品发展中心　编

中国农业出版社

北　京

图书在版编目（CIP）数据

2019 绿色食品发展报告 / 中国绿色食品发展中心编
. —北京：中国农业出版社，2020.7
    ISBN 978－7－109－27082－4

    Ⅰ.①2…　Ⅱ.①中…　Ⅲ.①绿色食品－产业发展－
研究－中国－2019　Ⅳ.①F426.82

    中国版本图书馆 CIP 数据核字（2020）第 127509 号

2019 绿色食品发展报告

2019 LÜSE SHIPIN FAZHAN BAOGAO

中国农业出版社出版
地址：北京市朝阳区麦子店街 18 号楼
邮编：100125
责任编辑：廖　宁
责任校对：吴丽婷
印刷：北京通州皇家印刷厂
版次：2020 年 7 月第 1 版
印次：2020 年 7 月北京第 1 次印刷
发行：新华书店北京发行所
开本：889mm×1194mm　1/16
印张：5.5
字数：160 千字
定价：68.00 元

《2019绿色食品发展报告》
编委会

2019

绿色食品发展报告

目 录
CONTENTS

第一篇

综　　述

广东省罗定市全国绿色食品原料（水稻）标准化生产基地

2019 绿色食品发展报告

第一篇 综 述

一、发展政策

2019 年，中共中央、国务院强调坚持农业农村优先发展，继续增加绿色优质农产品质量供给，建立健全特色农产品质量标准体系，培育"土字号""乡字号"乡土品牌，不断提高农产品质量、效益和竞争力。

《中共中央 国务院关于坚持农业农村优先发展做好"三农"工作的若干意见》
（2019 年中央 1 号文件）

文件强调，要健全特色农产品质量标准体系，强化农产品地理标志和商标保护，创响一批"土字号""乡字号"特色产品品牌。

《2019 年政府工作报告》

报告提出，要对标全面建成小康社会任务，加强脱贫攻坚与乡村振兴统筹衔接，确保如期实现脱贫攻坚目标、农民生活达到全面小康水平，实施农产品地理标志保护工程。

《国务院关于促进乡村产业振兴的指导意见》
（国发〔2019〕12 号）

文件指出，要创新产业组织方式，推动种养业向规模化、标准化、品牌化和绿色化方向发展，延伸拓展产业链，增加绿色优质农产品供给，不断提高质量效益和竞争力。

要支持贫困地区产业发展。鼓励农业产业化龙头企业与贫困地区合作创建绿色食品、有机农产品原料标准化生产基地，带动贫困户进入大市场。

要培育提升农业品牌。实施农业品牌提升行动，建立农业品牌目录制度，加强农产品地理标志管理和农业品牌保护。鼓励地方培育品质优良、特色鲜明的区域公用品牌，引导企业与农户共创企业品牌，培育一批"土字号""乡字号"产品品牌。

《中央农村工作领导小组办公室　农业农村部关于做好2019年农业农村工作的实施意见》

（中农发〔2019〕1号）

文件强调，要持续推进农业绿色发展。继续实施农业绿色发展五大行动，加大农业面源污染治理力度。

要深入推进品牌强农。创新品牌营销推介，塑强一批国家级农业品牌，创响一批"土字号""乡字号"特色产品品牌，加快中国农业品牌"走出去"步伐。

《2019年农业农村绿色发展工作要点》

（农办规〔2019〕11号）

文件提出，要稳步发展绿色食品，严格准入门槛，加强证后监管和目录动态管理，加大绿色食品宣传和市场推介，提高品牌公信力。发挥系统优势，积极推动有机农产品认证和有机农业发展。开展农产品地理标志资源普查，依托特色农产品优势区创建农产品地理标志培育样板，打造一批乡土品牌。实施全国名特优新农产品推广计划，开展消费引导和产销对接。

《2019年农产品质量安全工作要点》

（农办质〔2019〕7号）

文件强调，要稳步发展绿色食品，严格准入门槛，加强证后监管和目录动态管理，加大绿色食品宣传和市场推介，提高品牌公信力。发挥系统优势，积极推动有机农产品认证和有机农业发展。开展农产品地理标志资源普查，依托特色农产品优势区创建农产品地理标志培育样板，打造一批乡土品牌。实施全国名特优新农产品推广计划，开展消费引导和产销对接。

二、"两品一标"发展概况

2019 年，全国绿色食品、有机农产品和农产品地理标志（简称"两品一标"）保持稳步健康发展的良好态势，产品总量规模持续增长，品牌效应不断增强，为坚决打赢脱贫攻坚战、推进质量兴农和实施乡村振兴战略发挥了积极作用。

（一）总量规模

截至 2019 年 12 月 10 日，全国"两品一标"获证单位总数 19 946 家，获证产品总数 43 504 个，同比分别增长 18.4%、15.2%。

2018—2019 年"两品一标"单位和产品发展情况

产品类别	统计指标	2018 年	2019 年	2018—2019 年增速
绿色食品	获证单位（家）	13 203	15 984	21.1%
	获证产品（个）	30 932	36 345	17.5%
有机农产品	获证单位（家）	1 114	1 184	6.3%
	获证产品（个）	4 310	4 381	1.6%
农产品地理标志	获证单位（家）	2 523	2 778	10.1%
	获证产品（个）	2 523	2 778	10.1%
"两品一标"总计	获证单位（家）	16 840	19 946	18.4%
	获证产品（个）	37 765	43 504	15.2%

（二）产品结构

在 2019 年的"两品一标"获证主体结构中，绿色食品有 15 984 家，占 80.13%；有机农产品有 1 184 家，占 5.94%；农产品地理标志有 2 778 家，占 13.93%。在产品结构中，绿色食品有 36 345 个，占 83.54%；有机农产品有 4 381 个，占 10.07%；农产品地理标志有 2 778 个，占 6.39%。

农产品地理标志
2 778家，13.93%

有机农产品
1 184家，5.94%

绿色食品
15 984家，80.13%

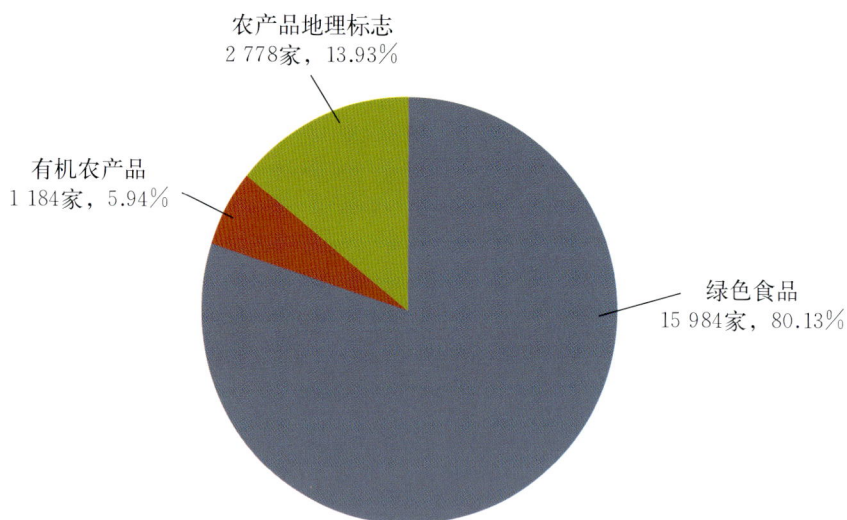

"两品一标"获证单位

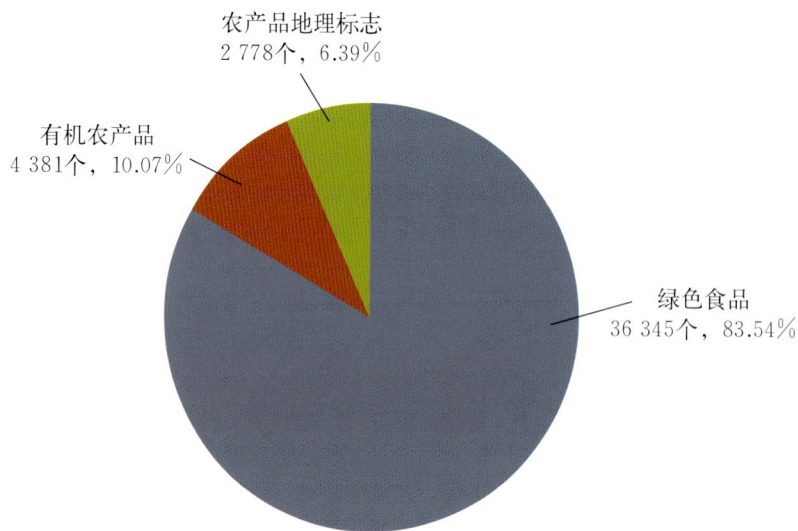

农产品地理标志
2 778个，6.39%

有机农产品
4 381个，10.07%

绿色食品
36 345个，83.54%

"两品一标"获证产品

（三）基地建设

截至 2019 年底，全国共建成绿色食品原料标准化生产基地 721 个，涉及水稻、玉米、大豆、小麦等百余种地区优势农产品和特色产品，总面积超过 1.6 亿亩[*]，带动 2 172 万农户。有机农业示范基地 30 个，涉及茶叶、水果、蔬菜、稻米、畜产

---

[*] 亩为非法定计量单位，1 亩≈667 平方米。

品、水产品等。其中，种植面积 249 万亩，草场面积 2 506 万亩，水产养殖面积 60 万亩。

（四）品牌效应

2019 年，"两品一标"发展取得了良好的经济效益、生态效益和社会效益。绿色食品国内销售额达 4 656.6 亿元，出口额达 41.31 亿美元，同比分别增长 2.2%、28.7%。绿色食品产地环境监测的农田、果园、茶园、草原、林地、水域面积为 2.08 亿亩。

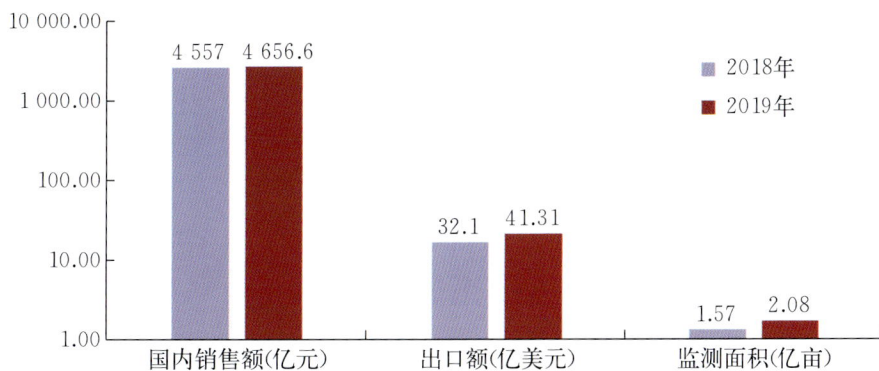

2018—2019 年绿色食品效益

（五）区域发展

1. 东部地区 2019 年，北京、天津、河北、上海、江苏、浙江、福建、山东、广东、海南 10 个东部地区省份"两品一标"获证单位和产品总数分别为 7 071 家和 14 389 个，分别占总数的 35.5% 和 33.1%。

2. 中部地区 2019 年，山西、安徽、江西、河南、湖北、湖南 6 个中部地区省份"两品一标"获证单位和产品总数分别为 5 050 家和 10 673 个，分别占总数的 25.3% 和 24.5%。

3. 西部地区 2019 年，内蒙古、广西、重庆、四川、贵州、云南、西藏、陕西、甘肃、青海、宁夏、新疆 12 个西部地区省份"两品一标"获证单位和产品总数分别为 5 282 家和 11 952 个，分别占总数的 26.5% 和 27.5%。

4. 东北地区 2019 年，辽宁、吉林、黑龙江 3 个东北地区省份"两品一标"获证单位和产品总数分别为 2 423 家和 6 059 个，分别占总数的 12.1％和 13.9％。

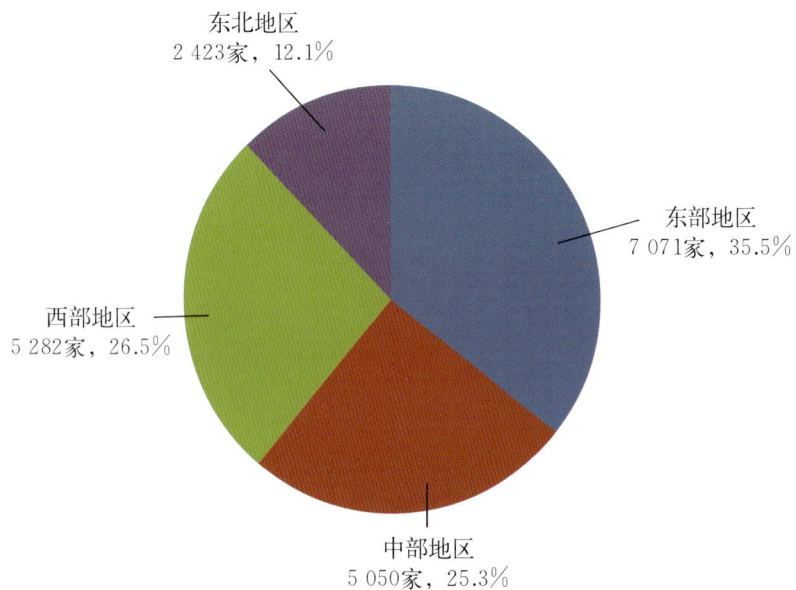

东北地区
2 423家，12.1％

东部地区
7 071家，35.5％

西部地区
5 282家，26.5％

中部地区
5 050家，25.3％

分区域"两品一标"获证单位

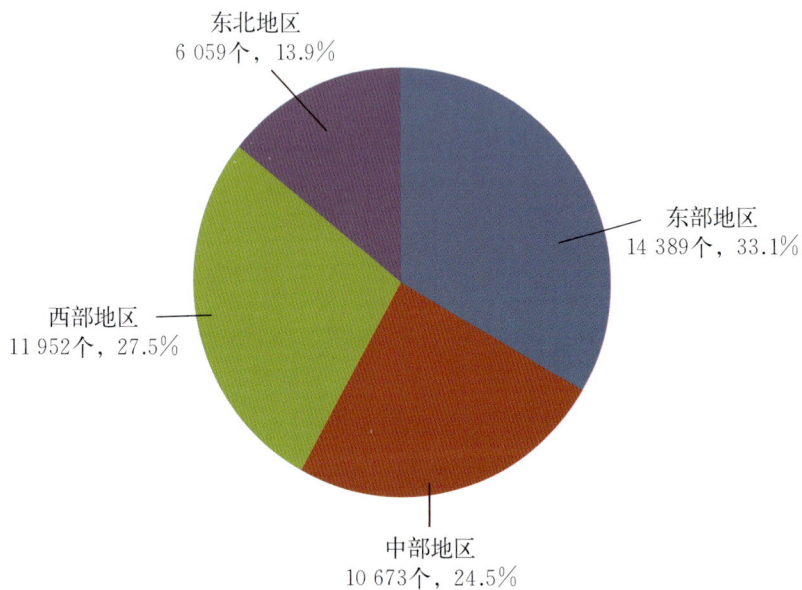

东北地区
6 059个，13.9％

东部地区
14 389个，33.1％

西部地区
11 952个，27.5％

中部地区
10 673个，24.5％

分区域"两品一标"获证产品

三、重大活动

4月3日 2019年"春风万里 绿食有你——绿色食品宣传月"活动启动仪式在陕西省西安大雁塔开元广场举行。本次活动由农业农村部农产品质量安全监管司支持，中国绿色食品发展中心和陕西省农业农村厅共同主办。中国绿色食品发展中心、陕西省农业农村厅、农业农村部农产品质量安全中心、西安市政府等相关部门的领导出席启动仪式，陕西省30家绿色食品企业代表、30多家媒体记者以及市民代表近200人前往参加活动。

新闻媒体报道绿色食品宣传月活动

4月11日 全国绿色食品、有机农产品和农产品地理标志工作座谈会在安徽省合肥市成功召开。中国绿色食品发展中心张华荣主任作了工作报告。会议总结了2018年绿色食品、有机农产品和农产品地理标志工作取得的成效。一是着眼增加绿色优质农产品供给，稳步扩大总量规模；二是着眼提高产品质量，严格证后监管；三是着眼提升品牌影响力，加大品牌宣传力度；四是着眼企业增效和农民增收，积极开拓市场；五是着眼强化产业支撑，加强技术标准研究力度；六是着眼打赢脱贫攻坚战，突出抓好品牌扶贫工作。

会议部署了 2019 年重点工作任务，即推进"四个聚焦、两个强化"，实施"五大行动"。一是聚焦"提质量、稳增长"，严格审核把关和证后监管；二是聚焦"强基础、补短板"，加大产业技术支撑体系建设；三是聚焦"树品牌、增动能"，深入开展品牌宣传和市场建设；四是聚焦"促融合、同发展"，进一步放大品牌效应；五是强化制度机制创新；六是强化队伍能力作风建设。

会上，来自安徽、湖南、上海、四川、福建、河南、陕西、黑龙江的省级绿色食品工作机构和农业农村部农产品质量监督检验测试中心（郑州）9 个单位作了典型经验交流。安徽省农业农村厅汤高平党组成员出席了会议并致辞，中国绿色食品发展中心唐泓副主任作了会议小结。省级绿色食品、有机农产品和农产品地理标志工作机构，部分检测机构负责同志，农业农村部农产品质量安全监管司有关处室负责同志，农民日报社、中国农村杂志社、农产品质量与安全杂志社、中国农业信息网等新闻媒体同志，中国绿色食品发展中心杨培生副主任、陈兆云副主任及各处室负责同志参加了座谈会。

全国绿色食品、有机农产品和农产品地理标志工作座谈会

6月26日 为贯彻落实2019年中央1号文件精神和政府工作报告部署，6月26日，"地理标志农产品保护在行动"——地理标志农产品保护工程启动仪式在四川眉山举行。农业农村部马爱国总农艺师出席活动并讲话。马爱国指出，实施地理标志农产品保护工程是中共中央、国务院作出的重大部署，对做强特色产业、扩大优质绿色农产品供给、实现农业高质量发展具有重要意义。启动仪式由农业农村部农产品质量安全监管司司长肖放主持，眉山市、四川省人民政府领导先后致辞，部分省级地理标志工作机构、证书持有人、用标企业代表分别发言。中国绿色食品发展中心张华荣主任、刘平副主任出席了本次活动。

11月15～18日 为展示我国农产品地理标志事业发展成效，提升品牌知名度，促进产销对接，在江西南昌举办第十七届中国国际农产品交易会期间，中国绿色食品发展中心成功举办了农产品地理标志专展。农业农村部部长韩长赋莅临展区。本届农产品地理标志专展由农业农村部农产品质量安全监管司牵头，中国绿色食品发展中心负责组织。展区面积3 000平方米，共设立178个标准展位，31个省级分展区，共有400个地理标志农产品500多家企业参展。农产品地理标志展团获得"最佳组织单位"称号。

11月16日，第五届全国农产品地理标志品牌推介会在江西南昌举行。全国政协委员、农业农村部原党组成员、原中央纪委驻农业部纪检组组长宋建朝，农业农村部农产品质量安全监管司司长肖放，江西省人民政府副秘书长宋雷鸣，江西省农业农村厅厅长胡汉平，农业农村部农产品质量安全监管司一级巡视员程金根，南昌市人民政府副市长樊三宝，法国农业部原产地保护局副局长安德烈·巴利耶，以及农业农村部有关司局和事业单位、部分省级农业农村部门领导出席了推介会。中国绿色食品发展中心张华荣主任、唐泓书记和刘平副主任参加了推介会。

11月29日至12月1日 第二十届中国绿色食品博览会暨第十三届中国国际有机食品博览会在河南郑州举行。本届博览会由中国绿色食品发展中心、中国绿色食品协会、河南省农业农村厅、郑州市人民政府共同主办。农业农村部副部长于康震，河南省人民政府副省长武国定，农业农村部总农艺师马爱国，原农业部副部长、国务院扶贫办原主任刘坚等领导出席开幕式并巡视了展区。中国绿色食品发展中心张华荣主任主持开幕式。本次展会面积3.3万平方米，共设置1717个标准展位，3113家企业的上万个产品同台亮相，集中展示了我国绿色食品、有机农产品取得的丰硕成果，体现了事业发展的新形象。展会期间，共有1200余家采购商专程前来对接洽谈。据统计，展会实现订单交易额及达成意向金额45.1亿元，签订贸易与技术投资合作项目1390个。

　　2019 中国绿色食品发展高峰论坛、第十四届有机食品市场与发展研讨会等活动同期举行。

第二十届中国绿色食品博览会暨第十三届中国国际有机食品博览会

2019

绿色食品发展报告

第二篇
绿色食品

湖北省五峰土家族自治县全国绿色食品原料（茶叶）标准化生产基地

一、产品发展

（一）制度建设

1. 深入推进分级审查管理责任落实 2019 年，中国绿色食品发展中心继续深入推进"中心—省—地市县"分级审查管理机制，落实各级审查责任，不断提高审查工作质量和效率。

截至 2019 年 12 月，全国 36 个省级绿色食品工作机构中全部实施分级审查管理的省份有 18 个，部分实施的有 9 个，未实施的有 9 个。

2. 有效落实农产品质量安全追溯管理 按照农业农村部推广应用国家农产品质量安全追溯平台有关工作要求，中国绿色食品发展中心将平台注册作为绿色食品新申报审批和产品续展的前置条件，全面加强申报企业在国家农产品质量安全追溯平台注册证明审查，确保绿色食品企业主体信息可追溯。截至 2019 年 12 月，绿色食品新申报和续展企业在追溯平台注册率达到 81％。

3. 启用新版绿色食品标志申请审查表格文件 为适应新形势绿色食品事业发展和标志许可审查工作需要，2019 年，中国绿色食品发展中心对绿色食品申报材料进行优化和简化，共修订新版绿色食品企业申报表格文件 13 个、工作机构审查用表格文件 5 个，新版申报审查表格文件自 2019 年 5 月 1 日正式启用。自此，申请使用绿色食品标志的申请人在申报材料中不再需要提交营业执照、生产许可和生产记录等纸质复印件，改由绿色食品检查员现场核实。同时，申报表格填写更加简单实用，各级审查工作重点和内容更加清晰明确。

地方典型

江苏省有序推进绿色食品许可审查分级管理

江苏省绿色食品发展按照"推动高质量发展走在前列"的目标定位，坚持稳中求进，突出从严从优，严把重点环节，有序落实绿色食品许可审查分级管理，着力推进绿色食品高质量发展。

1. 建立健全队伍体系，夯实工作基础 率先建立覆盖绿色食品、有机农产品

和农产品地理标志省、市、县三级队伍齐全的绿色食品工作机构。每年举办全省绿色食品检查员、监管员培训班，定期组织交流检查、申报材料集中评审等，提高队伍业务能力，强化骨干队伍建设。全省绿色食品检查员、监管员超过 400 人。

2. 规范实施分级管理，明确工作职责　根据中国绿色食品发展中心"一程序两规范"等要求，制定《江苏省绿色食品许可审查工作分级管理办法》，修订《江苏省绿色食品年检管理办法》，规定省、市、县三级工作机构在受理、现场检查、材料审核等许可审查及证后监管环节的职责，进一步明确工作内容、落实工作责任。同时，制定《江苏省绿色食品申报材料审核要点》《江苏省绿色食品标志许可省级集中初审工作细则（试行）》，细化审查要求，规范工作程序，完善问题处理规范。

3. 探索建立"双挂钩"机制，强化工作落实　试行"双挂钩"工作机制，将"认证与监管工作"挂钩，即按照"报出来就要管起来"的原则，申报数量要与监管能力相匹配；"审查质量与检查职责"挂钩，即对审查质量不高的地区，将暂停其独立开展许可审查相关工作。通过"双挂钩"，强化跟踪考评，压实主体责任，推动绿色食品发展工作高质量发展。

（二）创新产品发展模式

中国绿色食品发展中心不断探索绿色食品产业高质量发展模式，2019 年，支持浙江、广西开展省级"精品绿色农产品基地"创建，推动基地内申报绿色食品企业统一环境监测、统一受理、统一现场检查、统一产品检测、统一初审的"五统一"申报模式，形成了"安吉白茶""黄岩蜜橘""临海杨梅""恭城月柿"等为主的绿色食品发展规模化、产业化、集群化发展格局。

（三）现场检查和技术培训

（1）2019 年，中国绿色食品发展中心组织检查员分别对云南、贵州和安徽等 11

个省份 25 家绿色食品新申报企业进行了现场检查，对高风险生产区域、组织模式及行业产品可能形成的隐患进一步核实和评估，有效防范质量安全风险。

（2）2019 年，中国绿色食品发展中心完成了重庆、湖北、云南、广西、新疆（含兵团）和黑龙江（含农垦）6 省份 8 个工作机构的续展核查和年检督导工作，对各省核查与督导结果进行了总结通报，高质量稳步推进各地绿色食品续展工作。

（3）2019 年 5 月和 7 月，中国绿色食品发展中心分别在广州和呼伦贝尔举办了两期全国绿色食品检查员现场检查技能提高培训班，通过针对性强化专业知识、现场教学实践、检查员典型经验交流和专题讨论等，真正提升地市级检查员专业素养及现场检查能力。

（4）举办全国绿色食品内检员培训班暨绿色食品产业发展高级研讨班。

11 月 4～6 日，中国绿色食品发展中心在宁波举办了绿色食品内检员培训班暨绿色食品产业发展高级研讨班。来自全国 103 家绿色食品规模企业的 110 位企业高层管理人员和内检员参加了培训。

中国绿色食品发展中心张华荣主任在研讨班上做重要报告。他强调，绿色食品事业将中心和企业紧密相连，拥有共同理念、共同目标和共同责任，大家要密切协作打

绿色食品内检员培训班暨绿色食品产业发展高级研讨班

造发展共同体、责任共同体和利益共同体，为耕者谋利，为食者造福。绿色食品企业要在质量管控、品牌宣传、增加绿色食品市场供给和履行社会责任等方面发挥重要作用。中国绿色食品发展中心要摆正位置，端正态度，处理好监管与服务、"亲"和"清"等关系，为绿色食品企业搭建好认证审核、标志使用、品牌宣传、市场培育、基地建设、技术指导和政策支持等服务平台，充分调动绿色食品企业生产积极性，增强绿色食品事业发展活力。

研讨班主题明确、内容丰富、会风务实、成效显著，充分体现了中国绿色食品发展中心全面提升服务水平的态度和决心，成为构建中国绿色食品发展中心与绿色食品企业沟通交流机制的成功探索。

（5）为了让更多生产主体了解绿色食品发展、生产技术、申报流程和制度规范，2019 年，中国绿色食品发展中心启动"绿色食品申报指南"丛书编写工作，先后编写完成稻米、茶叶、水果和蔬菜分卷。丛书从指导绿色食品生产和申报的角度，将制度文件、标准和规范中晦涩的条文充分融合提炼，以通俗易懂的文字、图文并茂的形式展现给读者，有案例示范、有问题解答。丛书对绿色食品检查员和企业内检员做好本职工作发挥了较好的指导作用。

（四）专家评审

2019 年，中国绿色食品发展中心共组织召开 14 期专家评审会，累计邀请专家 197 人次，共有 5 099 家的 9 990 个产品通过专家审核，分别比 2018 年增长 16.2％和 13.8％。绿色食品专家评审是标志许可审查的重要环节，专家团队按照"四个最严"的要求，严格审查评审，严守安全底线，严防质量风险，充分发挥专业技术支撑作用，助力绿色食品事业高质量发展。

（五）获证企业与产品

2019 年，全国获得绿色食品标志使用权的企业 6 949 家，同比增长 16.4％；产品 14 699 个，同比增长 10.4％。全国有效使用绿色食品标志企业 15 984 家，产品 36 345 个，同比分别增长 21％和 17.5％。

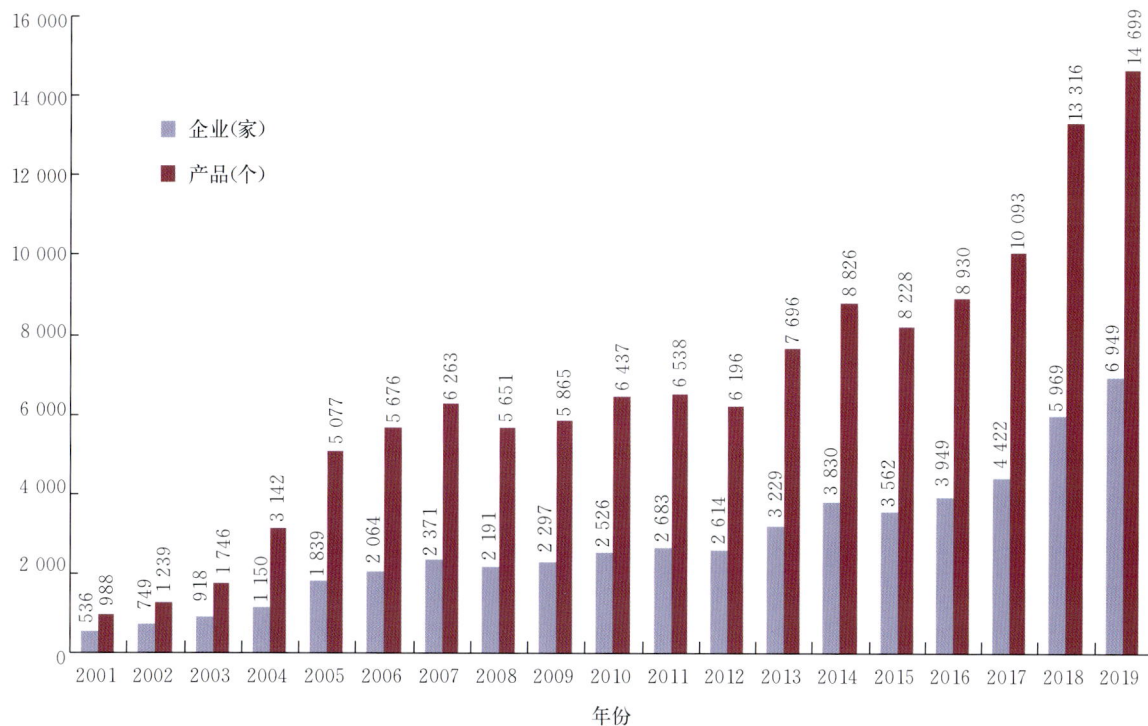

2001—2019 年全国当年获得绿色食品标志使用权企业数与产品数

2001—2019 年全国有效使用绿色食品标志企业数与产品数

（六）获证产品结构

1. 产品类别　2019 年，在获证产品中，农林及加工类产品有 28 726 个，占 79.0%；畜禽类产品有 1 741 个，占 4.8%；水产类产品有 671 个，占 1.9%；饮品类产品有 3 320 个，占 9.1%；其他产品有 1 887 个，占 5.2%。

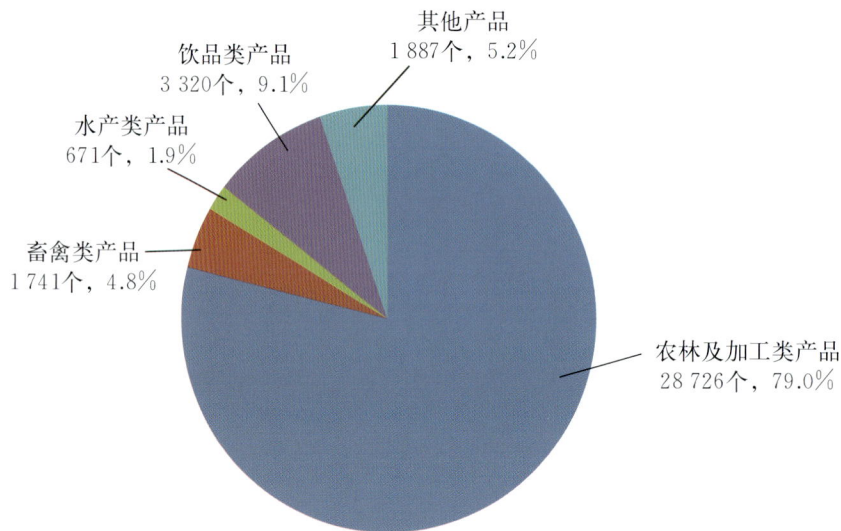

2019 年绿色食品产品类别

2. 产品结构　2019 年，绿色食品初级产品有 22 219 个，占 61.1%；加工产品有 14 126 个，占 38.9%。加工产品中，初加工产品有 11 609 个，占产品总数的 32.0%；深加工产品有 2 517 个，占产品总数的 6.9%。

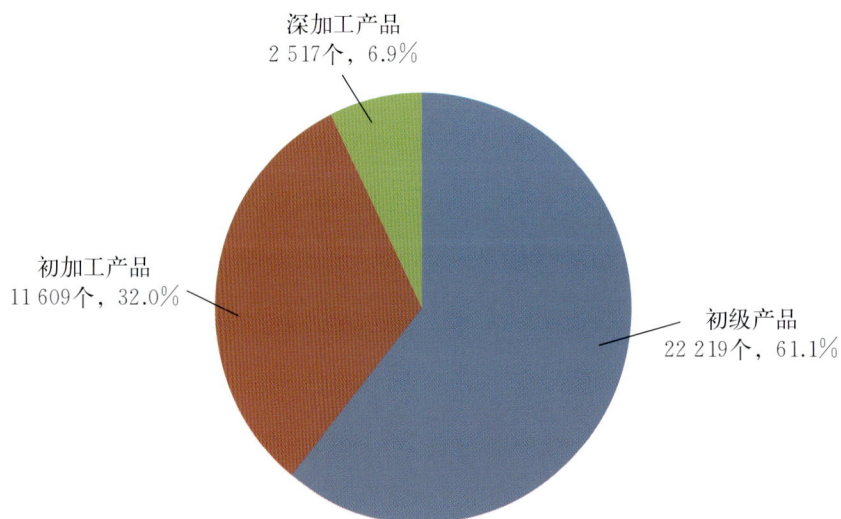

2019 年绿色食品产品结构

3. 获证主体结构　2019 年，在有效获证主体中，企业 10 232 家、产品 25 643 个；农业专业合作社 4 757 家、产品 8 972 个；家庭农场 978 家、产品 1 662 个；其他（军队）17 家、产品 68 个。

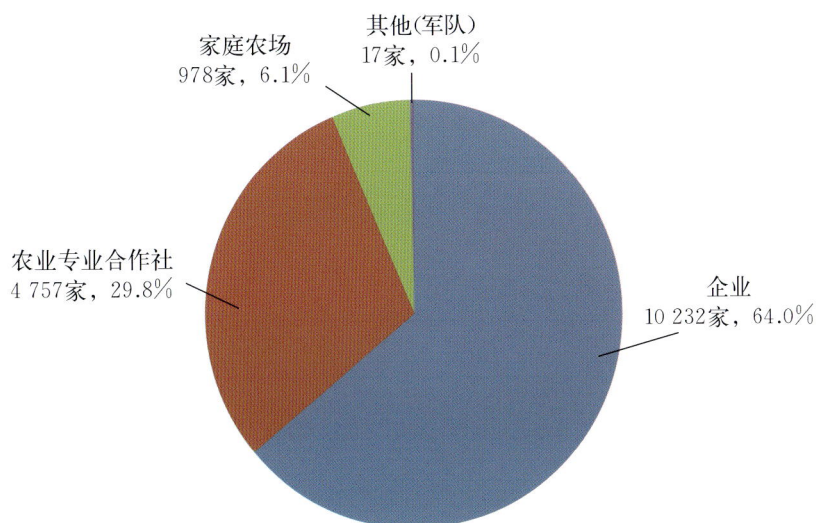

家庭农场
978家，6.1%

其他（军队）
17家，0.1%

农业专业合作社
4 757家，29.8%

企业
10 232家，64.0%

2019 年绿色食品获证主体结构

（七）区域发展情况

2019 年，在绿色食品有效用标企业总数和产品总数中，我国东部地区有效用标企业 6 041 家、产品 12 721 个，分别占 37.8% 和 35.0%；中部地区有效用标企业 4 126

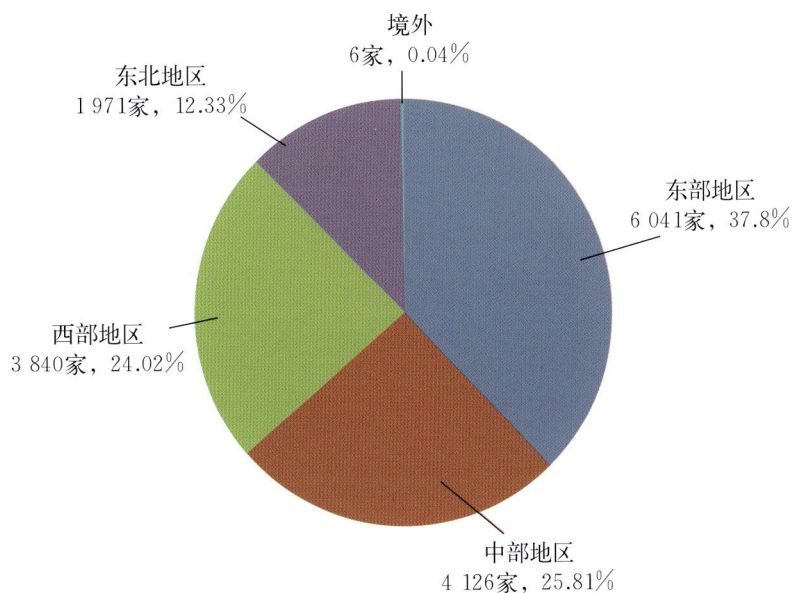

境外
6家，0.04%

东北地区
1 971家，12.33%

东部地区
6 041家，37.8%

西部地区
3 840家，24.02%

中部地区
4 126家，25.81%

2019 年各区域有效用标企业结构

家、产品 9 167 个，分别占 25.81％和 25.2％；西部地区有效用标企业 3 840 家、产品 9 718 个，分别占 24.02％和 26.7％；东北地区有效用标企业 1 971 家、产品 4 731 个，分别占 12.33％和 13.0％；境外有效用标企业 6 家、产品 34 个，分别占 0.04％和 0.1％。

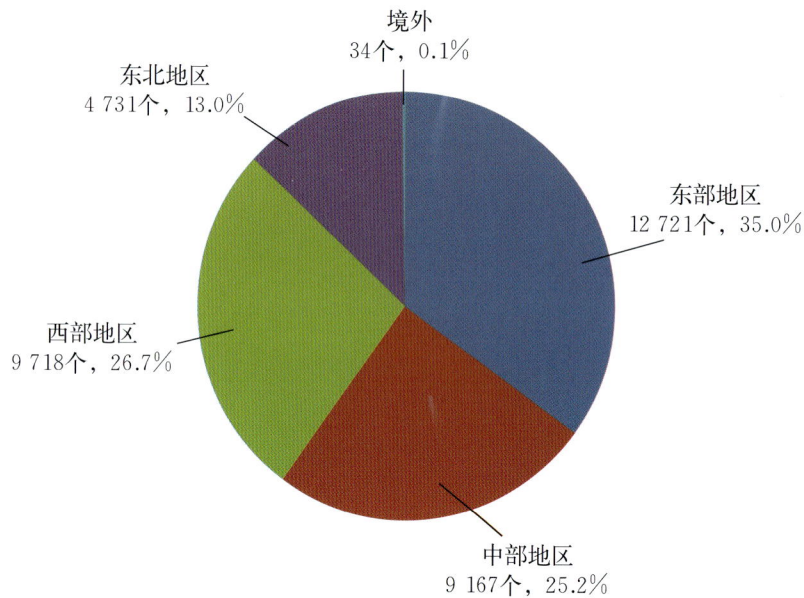

境外
34个，0.1%

东北地区
4 731个，13.0%

东部地区
12 721个，35.0%

西部地区
9 718个，26.7%

中部地区
9 167个，25.2%

2019 年各区域有效用标产品结构

（八）龙头企业发展情况

在 2019 年有效获证主体中，龙头企业 5 747 家、产品 15 957 个。其中，国家级龙头企业 328 家、产品 1 258 个，省级龙头企业 2 040 家、产品 6 040 个，地市县级龙头企业 3 379 家、产品 8 659 个。

绿色食品各级龙头企业发展情况

项　　目	国家级龙头企业		省级龙头企业		地市县级龙头企业	
	企业数	产品数	企业数	产品数	企业数	产品数
数量	328 家	1 258 个	2 040 家	6 040 个	3 379 家	8 659 个
比重（％）	2.1	3.5	12.8	16.6	21.1	23.8

注：比重是指各级龙头企业、产品数占绿色食品企业、产品总数的比重。

（九）产业扶贫开展情况

2019 年，中国绿色食品发展中心认真贯彻落实中共中央关于脱贫攻坚的战略决策和农业农村部关于产业扶贫工作的统一部署，立足自身工作职能，依托当地主导产业和特色产业，加快推进贫困地区创建绿色食品原料标准化生产基地和有机农产品基地、发展绿色优质农产品，有力地促进了贫困地区农业农村经济高质量发展，取得了明显成效。

1. 制定贫困地区费用全免政策，助力贫困地区加快脱贫　为推动贫困地区加快发展绿色食品，中国绿色食品发展中心决定自 2019 年 5 月 1 日至 2021 年 1 月 1 日，全部免收国家级贫困县、"三区三州"等深度贫困地区、农业农村部定点扶贫县、农业农村部对口指导环京津贫困县和大兴安岭南麓片区贫困县绿色食品申报主体的认证审核费和标志使用费。费用全免政策极大提高了贫困地区发展绿色食品的积极性，2019 年贫困地区绿色食品产品发展数量同比增长了 26.8%。

2. 继续实施"快车道"政策，加快产品认证服务　中国绿色食品发展中心加大对贫困地区支持力度，对贫困地区申报产品，继续实行"优先受理、优先现场检查、优先检测、优先审核、优先颁证""五优先""快车道"政策，加快产品审核审批进程，提高颁证效率，引导贫困地区绿色食品、有机农产品和农产品地理标志加快发展。2019 年，中国绿色食品发展中心累计支持国家级贫困县及新疆、西藏等地区的 1 496 个企业发展了 3 245 个绿色食品；支持 214 个企业认证了 756 个有机农产品；共支持登记了 67 个农产品地理标志产品；组织贫困地区创建、验收了 16 个绿色食品原料标准化生产基地和 13 个有机农业示范基地。

3. 加强技术培训，提高贫困地区自我发展能力　扶贫重在扶智，中国绿色食品发展中心积极通过技术培训，提升贫困地区的品牌意识和绿色生产技术。2019 年，先后在贵州剑河县、湖北恩施州咸丰县、湖南湘西州永顺县、河北张北县和新疆库尔勒市出资举办了 5 期绿色食品、有机农产品和农产品地理标志农业品牌扶贫培训班，共培训绿色食品检查员、监管员及企业内检员近 700 人。培训班让贫困地区了解了品牌农产品的申报规范要求和生产技术要点，进一步增强了贫困地区通过发展品牌农产品促进脱贫的信心。

2019 年河北省农业品牌扶贫培训班

4. 强化品牌宣传，提升贫困地区品牌农产品影响力 绿色食品整个工作系统创新方式方法，加大对贫困地区品牌农产品的宣传力度，助力贫困地区产品营销。在 2019 年"春风万里 绿食有你——绿色食品宣传月"推介活动中，内蒙古、吉林、四川等 14 个省份积极组织了 289 家贫困县企业参加宣传月推介活动，提升了贫困地区优质品牌的知名度和市场影响力。"中国绿色食品"和"绿色食品博览"两个微信公众号共发布推文 15 期，宣传推广贫困地区农产品。积极组织贫困地区品牌农产品参加专业展会，2019 第二十届中国绿色食品博览会暨第十三届中国国际有机食品博览会上，各省共组织了 1 019 种贫困地区产品参加了展销，交易金额达 1.4 亿元。

二、基地建设

（一）全国绿色食品原料标准化生产基地

2019 年，基地建设工作以"提升质量、强化管理、完善制度、夯实基础"为重点，有效促进绿色食品事业高质量发展。截至 2019 年 12 月底，全国共建成 721 个绿色食品原料标准化生产基地，涉及水稻、玉米、大豆、小麦等百余种地区优势农产品和特色产品，共带动 2 172 万农户发展。

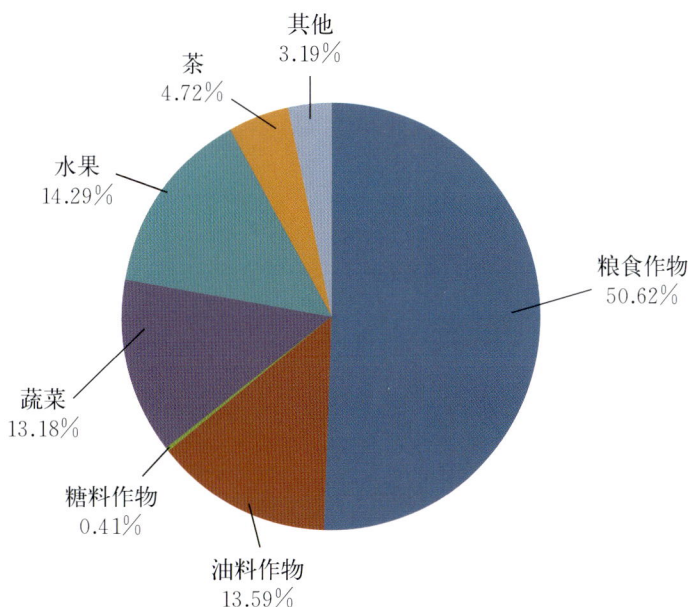

其他
3.19%

茶
4.72%

水果
14.29%

粮食作物
50.62%

蔬菜
13.18%

糖料作物
0.41%

油料作物
13.59%

全国绿色食品原料标准化生产基地主要产品结构

1. 进一步明确原料基地建设与管理的目标任务　明确了基地要发挥好农业绿色发展示范带动和夯实绿色食品发展基础的两大作用；明确了基地工作一要强化监管、高质量发展，二要促增长、稳存量，稳步发展的目标。

在工作布局上，进一步加强基地建设，推动新建基地稳步增长；进一步加强基地管理，努力确保续报基地总量稳定。重点发展粮食生产功能区、重要农产品保护区、特色农产品优势区的绿色食品基地；优先发展贫困县的绿色食品原料基地，加快南方和西南地区绿色食品基地建设。

在工作措施上，以调动地方绿色食品办公室工作积极性为切入点，实行"抓服务、抓队伍、抓续报、抓关键、抓审核"的五抓措施。对于存在的问题，通过耐心交流，提出建议，主动为绿色食品办公室解难题，既保证了绿色食品基地的质量，也获得了绿色食品办公室的理解，明显增强了绿色食品办公室对绿色食品基地建设与质量管理水平。

2. 进一步压紧压实建设和监管的主体责任　通过年初下发绿色食品基地监管工作重点，指导省级工作机构全面开展绿色食品基地监管工作，基地抽检比例均超过30％。全年基地没有发生质量安全问题。

对江西省绿色食品原料标准化生产基地建设工作开展专项督导检查，以绿色食品办公室年度检查工作落实情况和年度检查有效性为重点，着眼于推动江西绿色食品基地的进一步发展，对江西绿色食品办公室在绿色食品基地监督管理制度规范、机构设置、人员配备、基地创建、验收、年度检查档案管理、推进基地产销对接情况等方面进行了检查。督导不仅总结经验、发现问题，也达到指导改进、推进发展的效果。

3. 重点加强基地工作的调查研究　就建设与管理存在的问题、新时期绿色食品基地建设工作的新要求有针对性地进行基地工作调研。调研成果形成一系列优势模板做法和案例，明确了新时期绿色食品基地建设工作要在农业"两兴一强"工作中发挥示范带动作用，要在绿色食品事业中凸显基础支撑作用，明确了2019年和今后一个时期绿色食品基地工作的任务目标是：促增长、稳存量，稳步推进基地发展；切实落实绿色食品基地建设的主体责任和监管责任。统一了各地绿色食品办公室思想，提高了推动基地建设与管理高质量发展的积极性。

4. 加强基地管理培训，促进标准落地生根　2019年，中国绿色食品发展中心在黑龙江省佳木斯市举办了1期全国绿色食品原料标准化生产基地管理培训班，对来自全国30个省（自治区、直辖市）绿色食品工作机构以及116个绿色食品基地县的200余名业务骨干进行培训。支持内蒙古、安徽、湖北、西藏、甘肃、新疆等8个省份绿色食品办公室开展基地管理人员业务培训。

地方典型

安徽省砀山县以基地建设促工作机制创新，助力砀山梨产业良性循环

安徽省砀山县人民政府在基地建设过程中，以"五创新"助力基地砀山梨产业的良性循环，提升质量，打造品牌。

砀山县创新工作模式，结合水果产业发展，设梨产业发展服务中心、植保植检服务中心、土壤肥料服务中心等八大中心，进一步加强技术力量；砀山县加强农资监管，实行严格的农资产品备案和市场准入制度，对农资生产经营企业实行网上备案审核，引导农资销售企业实行会员卡实名购销制；砀山县创新植保服务模式，建立10余个统防统治与绿色防控融合推进示范区、农药减量控害示范区，推广绿色防控技术，推行植保机械与农艺配套，解决一家一户"打药难"和"乱打药"等问题；砀山县还通过技术培训和品牌宣传，加强对绿色食品原料标准化生产基地的经营管理。利用电子商务平台、行政代言等方式推介产品，提升砀山梨的品牌公信力。

安徽省全国绿色食品原料（砀山梨）标准化生产基地

（二）一二三产业融合发展园区

1. 发展概况　全国绿色食品（有机农业）一二三产业融合发展示范园区创建工作在宣传绿色、有机发展理念，展示发展成果方面发挥了积极作用。2019 年，为适应乡村振兴战略实施的形势和要求，中国绿色食品发展中心经研究决定，在前期工作基础上继续推进一二三产业融合发展园区建设，以"发挥优势、突出特色、拓展功能、延长产业链条"为重点，稳步推进一二三产业融合发展园区建设与发展工作。在任务上明确至 2020 年底前力争达到在每省布局发展 1～2 个一二三产业融合发展园区。在措施上大力宣传一二三产业融合发展园区在乡村振兴和绿色食品产业发展中的先导作用，积极推动绿色和有机一二三产业融合发展示范园建设。截至 2019 年底，全国已有10 个省份建立了绿色食品一二三产业融合发展园区 10 个、有机农业一二三产业融合发展园区 1 个。融合形式是以一产为绿色有机种养殖生产，二产为绿色有机加工产品，三产为休闲农业、教育培训、文化旅游、商务互动等形式。

2. 绿色食品发展一二三产业融合的主要做法和成效

（1）壮大了绿色食品产业规模，拓展了产能空间　绿色食品发展一二三产业融合是推动绿色食品本身由产品发展向产业升级转变，由扩大产品总量向延伸产业链条转变，从而构建绿色食品全产业链、全价值链。因此，发展融合必须以绿色食品产业为基础，将农业新业态有机地整合在一起，使综合效益高于每个单独的产业之和，从而实现产业链延伸、产业范围扩展和农民增收，让农民更有参与感和获得感。

（2）绿色食品新业态、新模式的不断涌现　推进绿色食品发展一二三产业融合，拓宽了绿色食品企业狭窄的发展领域，这其中促进农业与工业嫁接融合催生出农产品加工业，与旅游业嫁接融合催生出休闲农业，与信息产业嫁接融合催生出农村电商，与养生养老产业嫁接融合催生出康养农业，与文化产业嫁接融合催生出创意农业，与教育产业嫁接融合催生出亲子体验等大量的新产业、新业态、新模式。

（3）推广了绿色食品理念及技术标准　近年来，绿色食品发展以落实绿色食品标准化生产技术要求，加强生态环境保护，积极推广绿色生产技术，严格管控农业投入品，规范使用产品标识，让消费大众真实感受到绿色食品从田头到餐桌、全程质量控制的品牌文化与管理机制，增强了消费者对绿色食品品质的信任度，更好地树立起绿色食品的精品形象。

（4）促进农民增收，助力产业扶贫、行业就业 将发展绿色食品一二三产业融合相关的资金投入、项目开发、人员培训、设施建设等扶持政策，与精准扶贫紧密结合，发展特色产业，增加就业岗位，不但可以有效开发和利用贫困地区的资源优势、特色优势，"变绿水青山为金山银山"，而且还可以从根本上找到产业扶贫、产业脱贫的着力点和突破口，改变贫困地区特别是深度贫困地区脱贫致富的环境条件，从而奠定了贫困地区产业兴旺的基础，激发了贫困人口脱贫的内生动力，扩大了扶贫成果，提高了脱贫质量。

（5）保护生态环境，促进了农业可持续发展 生态循环农业是现代农业发展的根本方向和重要标志。绿色食品推行绿色、减量和清洁化生产，是我国农业践行绿色发展理念的先导，在推进农业可持续发展和建设生态文明等方面，发挥了重要的示范作用。

地方典型 1

大连市全国绿色食品一二三产业融合发展园区创建工作亮点突出

近年来，大连市绿色食品工作管理机构创新绿色食品发展思路，凝聚绿色食品产业发展动能，积极探索推进绿色食品一二三产业融合发展，取得良好成效。大连市全国绿色食品一二三产业融合发展园区的创建单位大连盐化集团有限公司是东北地区最大的海水资源综合利用企业，年加工食用盐 30 万吨，自 2012 年起获批使用绿色食品标志。企业利用盐业市场改革之机，打造了"一产海盐生产，二产食盐加工，三产海盐文化旅游"的全产业链发展模式，创建了"全国绿色食品一二三产业融合发展园区"。

2019 年 6 月 29 日，大连市现代农业生产发展服务中心和大连市农业农村局以"绿色生产、绿色消费、绿色发展"为主题举办了"大连市全国绿色食品一二三产业融合发展园区创建成果展示暨品牌推广活动"。

大连市全国绿色食品（海盐）一二三产业融合发展园区

中国绿色食品发展中心张华荣主任，大连市农业农村局栾玉瑄局长，大连市现代农业生产发展服务中心韦敏主任等参加了活动。张华荣主任为大连盐化集团创建的大连市全国绿色食品一二三产业融合发展园区颁牌，并对大连市以产业融合为抓手推动绿色食品高质量发展的做法予以充分肯定，希望获批单位以三产融合发展园区建设为契机，进一步结合区域优势，充分挖掘土地、海水、文化三个优势资源，以绿色食品海盐一二三产业融合为引擎的发展思路，持续推动产业的深度融合。同时，突出绿色食品特色，进一步加强全国绿色食品一二三产业融合发展园区管理，不断拓展产业功能，提高综合效益，使全国绿色食品一二三产业融合发展园区真正成为绿色食品三产融合发展的示范典型。

地方典型2

浙江省产业园发展推动绿色食品新业态新模式不断涌现

浙江松阳绿色食品（茶叶）一二三产业融合发展园区以绿色食品原料标准化生产基地为依托，全力做三产融合项目和其他产业规划的衔接，重点打造"茶园基地＋养生度假"为核心的生态产品体系和以"文化创意＋运动休闲"为核心的文化产品体系两大核心体系，拉出了"一线（一二三产业融合发展主线）、一城（松阳古城）、一镇（茶香小镇）、一村（100多座风貌完整古色古香的传统村落）、一带（松阴溪绿道慢行带）、一心（大木山景区为核心）、＋N（302家茶宿、农家乐）"的茶旅产业融合发展格局。这种新型产业模式把茶产业与乡村旅游、生态文化串联一起，既推进松阳老城省级旅游风情小镇和茶香小镇建设，打造茶购茶食茶演综合体，又是茶资源、茶产品综合利用的新方式，催生新的产业和新的经济增长极，实现农业"接二连三、隔二连三"全产业链发展，获得更大的产业链增值空间。

浙江省松阳绿色食品（茶叶）一二三产业融合发展园区

地方典型 3

广西产业园成就大型现代农业综合体

广西隆安绿色食品（香蕉）一二三产业融合发展园，通过融合该公司旗下的一二三产业，以生态农业发展为基础，以科技研发示范为支撑，实施循环种养、休闲农业等复合型开发，建设成集农业种植、有机肥生产、种苗培育与生产、现代化仓储物流、农业科技服务、灌溉设施设计与安装、园林美化工程、农产品深加工、农业休闲旅游等项目于一体的大型现代农业综合体，自主研发生产以香蕉副产品、蔗渣为原料加工的有机肥料并申报成为绿色生资。

广西隆安绿色食品（香蕉）一二三产业融合发展园

三、证后监管

（一）企业年检

2019 年，中国绿色食品发展中心完成了对云南省、重庆市、湖北省、黑龙江省、黑龙江农垦、广西壮族自治区、新疆维吾尔自治区和新疆生产建设兵团 6 省（自治区）8 个省级工作机构的年检督导检查工作，走访、检查 24 家绿色食品企业和 7 家中绿华夏认证有机食品企业。专家组采取机构检查、企业走访及座谈会等方式对相关省级工作机构企业年检工作开展情况进行了监督检查，向绿色食品发展中心提交了督导工作总结，并及时向相关绿色食品办公室反馈督导意见，督促相关绿色食品办公室对提出的问题进行了整改部署，同时参加督导工作的有关绿色食品办公室还开展了监管工作等方面的交流，相互促进。根据各省企业年检结果，取消了 2 家企业 3 个产品的绿色食品标志使用权。

（二）产品抽检

2019 年，全国共抽检绿色食品产品 8 896 个，抽检产品数占 2018 年末产品总数的 28.76％，检出不合格产品 52 个，抽检合格率 99.42％，比 2018 年抽检合格率提高了 0.08 个百分点。2019 年，因抽检不合格取消标志产品 46 个（含各级政府部门监督抽查检出绿色食品产品 13 个）。

2019 年，各检测中心按中国绿色食品发展中心年初下达的计划，较好地完成了抽检任务。从产品类别看，除糖料作物、其他肉类、碳酸饮料、固体饮料 4 小类外，对其他 53 小类的产品都进行了抽检。抽检产品类别覆盖率为 92.98％，比 2018 年减少了 1.76 个百分点。瓜果、蔬菜、大米、精制茶、水产品、调味品类、小麦粉、其他食用农产品 8 类产品占绿色食品产品总数的 73.9％，这 8 类产品抽检数占抽检产品总数的 71.73％。从类别覆盖率、主要产品抽检率看，抽检结论能反映绿色食品证后监管成果。

（三）标志市场监察

2019 年，全国参与市场监察工作的各级绿色食品办公室共 61 个，其中，省市级绿色食品办公室 27 个，县区级绿色食品办公室 34 个；共检查了近 43 个城市或地区的 134 个各类市场。固定市场实际抽样 70 个，流动市场 64 个。市场监察被抽样的绿色食品企业 474 个，占有效用标绿色食品企业总数的 2.99%，共抽取 1 176 个标称绿色食品的不同样品，占绿色食品企业有效用标产品总数的 3.24%。其中，规范用标产品总数 1 065 个，占样品总数的 90.56%；不规范用标产品总数 106 个，占样品总数的 9.01%。假冒产品总数 5 个，占样品总数的 0.43%。

（四）风险预警

2019 年，中国绿色食品发展中心确定"农民专业合作社产品跟踪监测"和"畜禽和水产品质量跟踪监测"为质量安全风险预警项目。项目委托农业农村部食品质量监督检验测试中心（济南）、农业农村部稻米及制品质量检验测试中心（杭州）对江苏、安徽、山东 3 省农民专业合作社产品跟踪监测，委托农业农村部肉及肉制品质量检验测试中心（南昌）对江苏、安徽、江西、山东、河南、湖南、广东 7 个省的畜禽和水产品质量进行了跟踪监测。

（五）产品公告

2019 年，通过《农民日报》《中国食品报》共发布 37 期产品公告，其中，《农民日报》12 期、《中国食品报》25 期。通过上传中国绿色食品发展中心网站，发布 98 期获证产品公告，同时在"中国绿色食品""绿色食品博览""农安天地" 3 个微信公众号发布了获证产品信息。累计公告获证企业 7 165 家、产品 14 700 个，公告撤销标志使用权的企业 31 家、产品 34 个。

（六）规范用标

为进一步规范绿色食品标志使用，打造绿色食品整体形象，提升绿色食品品牌认知度，中国绿色食品发展中心决定从 2019 年开始，持续组织开展绿色食品标志规范使用行动相关工作和专项活动，切实强化绿色食品企业用标意识，不断提高绿色食品企业及其产品的用标率。通过 2019 年用标行动调查，基本上掌握了全国绿色食品企业的用标情况，进一步强化了企业用标意识，摸清了用标底数，达到了预期目标。

从初步统计看，全国36个省级工作机构全部参与了此次用标行动，并全面梳理和统计分析，提出了建议和意见。截至2019年11月底，全国省级工作机构共组织核查绿色食品获证企业15 852家，产品36 227个。其中，用标企业11 273家，产品25 220个，分别占获证企业和产品总数的71.11%和69.62%。此外，中国绿色食品发展中心还在开展绿色食品产业博览会用标检查、宣传产品包装备案制度、打击假冒侵权行为、开展专题调查研究、修订用标制度与规范等方面进行了全面部署和专项行动，取得了良好效果。今后，中国绿色食品发展中心将根据去年调查结果，继续开展绿色食品标志规范使用行动，精准施策，持续发力，进一步规范绿色食品标志使用行为，提高绿色食品企业及其产品用标率，切实维护好绿色食品品牌形象。

地方典型1

黑龙江省多措并举　全面提升绿色食品、有机食品质量安全水平

2019年，黑龙江省采取多项措施不断提升监管效能，确保绿色食品、有机食品质量安全。深入开展质量监管专项行动。采取组织基地、企业自检自查，成立联合检查组抽查等方式，推动专项行动向更深层次、更大范围延伸。共检查基地103个、企业718家，约谈工作机构1家、企业3家，下达整改通知并纳入重点监管名单企业33家；报请中国绿色食品发展中心取消1家使用违禁投入品的企业标志使用权；发现2起假冒绿色食品案件，移送市场监管部门处理。规范绿色食品企业标志使用，印发《绿色食品标志设计使用说明》，在佳木斯市开展绿色食品标志使用规范化试点建设工作，强化标志规范使用行为。目前，黑龙江省绿色食品企业用标率达到80%以上，企业用标规范程度不断提升。加大产品抽检力度，列支387万元用于"三品一标"产品抽检工作，检测产品2 150个，实现绿色食品基地、绿色食品企业、有机食品企业全覆盖，抽检合格率99.8%。

地方典型2

重庆市三级工作机构联动　保障绿色食品质量安全

重庆市直辖39个区（县），其中涉农区（县）38个、涉农乡镇953个。全市已

形成有职能、有人员、有设施、有制度的市、区（县）、乡（镇）三级农产品质量监管联动工作机构。一是落实监管制度，制订工作计划。区（县）工作机构按计划开展年检工作，市级工作机构重点组织开展标志督查、高风险企业年检抽查、区（县）交叉综合检查。二是融合推进绿色食品工作。区（县）农业主管部门高度重视绿色食品产业发展，将绿色食品工作主动融入乡村振兴、质量安全县和田园综合体等项目建设中，高质量推动了当地绿色食品产业发展。三是加强实操和法律法规培训。通过邀请绿色食品专家、法律专家、市场监管局专家授课，全面提升市、区（县）、乡（镇）三级监管员业务监管能力和依法监管意识。2019 年通过理论与实操等方式培训各级监管员 390 人次。

地方典型 3

内蒙古自治区积极推进质量控制技术体系建设

在追溯体系建设方面，自治区印发了《内蒙古自治区国家农产品质量安全追溯管理信息平台推广应用实施方案》，截至 2019 年，在国家平台注册盟市旗县监管机构 120 家；注册"双认证"的检测机构 41 家；注册执法机构 13 家；注册生产经营主体 1 200 家，生成批次数 1 079 批次，追溯码打印 1 235 次，交易数 771 次。落实农业农村部农产品质量安全追溯"4 挂钩"工作的意见精神，由农牧厅印发了《关于贯彻落实〈农业农村部关于农产品质量安全追溯与农业农村重大创建认定、农产品优质品牌推选、农产品认证、农业展会等工作挂钩的意见〉的通知》（内农牧质发〔2019〕68 号）。委托指导通辽市和鄂尔多斯市完成中国绿色食品发展中心农产品质量安全原产地可追溯试点项目，并及时报送相关总结材料。

在农产品全程质量控制技术体系（CAQS-GAP）建设方面，2019 年新申报全程质量控制技术体系试点企业 39 家。截至 2019 年底，全区试点企业 56 家，达拉特旗、扎赉特旗、土默特右旗先后成功申报全程质量控制技术体系试点县。

四、技术支撑

江西省独立崇绿色食品基地（陈罗昌 摄）

（一）标准体系建设

1. 绿色食品标准制修订工作　2019 年，中国绿色食品发展中心组织 15 家制标单位完成了 4 项准则类标准和 16 项产品标准的制修订工作。截至 2019 年底，绿色食品有效使用标准共 140 项，其中准则类标准 14 项、产品标准 126 项。

2. 区域性绿色食品生产操作规程编制工作　2019 年，中国绿色食品发展中心组织 10 家省级绿色食品工作机构和 4 家科研单位编制了 58 项区域性绿色食品生产操作规程。其中，粮油、蔬菜、水果等种植业产品规程 37 项，畜禽养殖规程 11 项，粮油加工产品规程 10 项。

3. 绿色食品生产操作规程进企入户示范行动　为推进标准落地生根，解决绿色食品标准推广"最后一公里"问题，中国绿色食品发展中心选择黑龙江、江苏、河南、湖南、陕西和青海 6 省作为试点，启动了绿色食品生产操作规程进企入户示范行动。据统计，6 个试点省共选择了 23 个县 20 个主导产业作为示范切入点，举办了 185 场次培训班，培训农户5.3万人，发放生产操作规程、挂图和操作历15.4万份，树立技术指导匾牌286块，参与示范企业244家，参与农户19.3万，探索了一批接地气、可复制、可推广的经验模式。

（二）课题项目研究

1. "绿色食品生态环境效应、经济效益和社会效应评价项目"重大课题研究工作 为全面总结绿色食品事业发展近30年取得的环境效应、经济效益和社会效应，探索新时代绿色食品高质量发展的对策措施，中国绿色食品发展中心经过公开招标，确定由中国农业大学张福锁院士领衔的团队承担"绿色食品生态环境效应、经济效益和社会效应评价项目"重大课题研究工作。目前，课题开展顺利，已取得阶段性成果，预计2020年完成全部研究工作。

2. 绿色食品标准应用跟踪评价工作 中国绿色食品发展中心组织农业农村部农产品质量安全风险评估实验站（唐山）和湖南正信检测技术股份有限公司分别承担《绿色食品 畜禽卫生防疫准则》、《绿色食品 禽肉》和《绿色食品 蛋与蛋制品》3项标准的应用跟踪评价研究工作。2个单位对3项标准的应用情况进行了大量的调研工作，就现行标准存在的问题和有待完善的方面详细总结并提出了建设性的意见和建议，为今后相关标准修订提供了重要参考。

3. 绿色食品品质和功能营养指标研究工作 在2018年的研究基础上，中国绿色食品发展中心委托中国农业科学院农业质量标准与检测技术研究所、山东省农业科学院农业质量标准与检测技术研究所和湖南省食品测试分析中心分别承担牛肉、鸡蛋和柑橘等3个产品的品质、营养功能指标研究工作，为进一步完善绿色食品标准体系奠定基础。

> **地方典型**
>
> ### 河南省绿色食品生产操作规程进企入户工作成效显著
>
> 按照《中国绿色食品发展中心关于开展2019年绿色食品生产操作规程进企入户示范行动的通知》要求，河南省绿色食品办公室积极开展相关工作，成立绿色食品生产操作规程进企入户工作领导小组，召开河南省绿色食品生产操作规程进企入户示范行动动员会，对绿色食品生产操作规程进企入户工作进行了动员部署。

河南省绿色食品办公室印发了《河南省绿色食品生产操作规程进企入户示范行动方案》，选择一些省辖市、优势产业、全国绿色食品标准化原料基地、规模较大的企业等作为推广试点。同时又组织小麦、花生等4个产业领域专家和生产技术人员将相关规程简化为通俗简易的规程手册发放给农户。还组织省辖市、省直管县人员进行培训，宣传落实规程。不仅将进企入户工作融入绿色食品标志许可申报过程之中，还建立了督查和检查机制，利用现场检查、例行监测、基地验收、监督检查等时机不间断检查进企入户实施情况，对落实成效突出的有关单位，给予一定奖励。

10月17日，全国绿色食品生产操作规程进企入户推进会在驻马店市西平县召开，中国绿色食品发展中心副主任陈兆云、河南省农业农村厅副厅长刘保仓出席会议并讲话。来自山西、黑龙江、江苏、江西、湖北、湖南、陕西等省份绿色食品工作机构负责人及河南省相关工作机构人员和企业负责人，共计120多人参加了会议，交流了经验和做法，现场观摩了豫坡集团绿色食品规程进企入户的模式。河南省电视台、凤凰网，驻马店市和西平县的电视、报纸、电台等多家媒体全方位对此次推进会进行了报道。河南省绿色食品生产操作规程进企入户示范行动受到社会广泛关注。

全国绿色食品生产操作规程进企入户推进会

（三）绿色生资

2019 年是绿色生资标志许可管理、品牌培育和宣传推广等工作开展较好的一年。全年共受理申请用标企业 68 家、产品 234 个，同比分别增长 41.7％和 48.1％；其中，续报企业 33 家，占 48.5％；共审核通过 61 家企业的 212 个产品。

截至 2019 年 12 月 10 日，绿色生资有效用证企业 170 家，有效用证产品 558 个，同比分别增长 11.1％和 27.2％。其中，肥料企业 85 家，产品 190 个；农药企业 35 家，产品 140 个；饲料及饲料添加剂企业 38 家，产品 211 个；兽药企业 1 家，产品 1 个；食品添加剂企业 11 家，产品 16 个。

2019 年全国绿色生资发展总体情况

产品类别	企业（家）	产品（个）
肥料	85	190
农药	35	140
饲料及饲料添加剂	38	211
兽药	1	1
食品添加剂	11	16
总计	170	558

1. 保质保量，推进绿色生资高质量发展 绿色生资的审核把关严格执行绿色食品系列投入品标准，严格控制准入门槛，确保从源头防控质量隐患，对运行不正常、管理不规范的主体坚决不予受理。对不符合标准、有较大风险隐患的产品坚决不予通过，在现场检查等环节中发现不符合要求的企业和产品坚决淘汰，进一步提升了绿色生资品牌的可信度和可靠性。

2019 年，绿色生资标志许可工作呈现 4 个特点：一是肥料类产品是申报量最多的一大类，有机肥料、生物肥料等绿色食品种植业较欢迎的肥料种类申报热情最高；二是农药类企业申请积极性持续增加，且申报主体多为大型企业，在行业内均有较高知名度，微生物来源等 AA 级农药产品申报数量明显增多；三是多个饲料及饲料添加剂企业主动申报多个系列产品，为绿色食品畜禽水产业的发展提供了更多原料选择；四是绿色生资企业总数和产品总数均达历史最高水平，发展势头良好。

2. 绿色生资纳入《产业结构调整指导目录》 10 月 30 日，国家发展改革委正式修订发布《产业结构调整指导目录（2019 年本）》。其中第一类"鼓励类"中明确指出，要鼓励"获得绿色食品生产资料标志的饲料、饲料添加剂、肥料、农药、兽药等优质安全环保农业投入品及绿色食品生产允许使用的食品添加剂开发"，该条目包含了绿色生资的所有类别，涵盖了绿色生资标志使用许可的所有范围。

该目录的发布，体现了国家对绿色生资的重视，表明发展绿色生资代表了农业投入品开发的方向，对推动绿色生资发展具有非常重要的意义。绿色生资是基于农业可持续发展理念形成的公共品牌，它的特点就是"生态环保、安全优质"。推动绿色生资的发展和推广应用，吸引更多优秀的农资企业和更多安全可靠的农业投入品加入绿色生资队伍，将有效调整和优化农业投入品市场供给，促进科学施肥、规范合理用药、科学使用添加剂，从源头提升绿色食品质量安全水平，助力夯实绿色食品事业高质量发展。

3. 把脉问诊，提质增效，广泛征求行业专家意见 4 月 23 日，2019 年绿色生资专家座谈会在北京召开，绿色生资评审专家、中国绿色食品发展中心有关处室负责人、部分省级绿色食品办公室负责人及绿色生资企业代表等 23 人与会研讨。与会专家对绿色生资在审核程序、证后监管、宣传推广、试验示范等方面存在的问题以及区域内发展瓶颈进行了深入剖析，研讨了在绿色发展新形势下绿色生资面临的机遇和遇到的问题，并对绿色生资工作的进一步发展提出了指导性意见。

会后发布了新版《绿色生资标志管理办法》及配套的五大类系列实施细则，新出台了《绿色生资申报指南》，进一步优化了绿色生资申报材料的种类和数量，重点突出了审查要点和填报重点，减轻了申报企业的申报压力，提高了审查的流程和效率。

4. 从严从实，主动作为，强化绿色生资证后监管 绿色生资获证产品越来越多，社会影响力越来越大，加强证后监督、监管工作尤为重要，必须转变重许可、轻监管的思想观念，多措并举，实现监管常态化。为强化各省级工作机构审查责任和管理员现场核查责任，明确各地属地监管工作职责，严格控制风险，绿色生资专家组分别赴山东和青海开展了 2 次绿色生资年检督导工作，实地检查了 6 家绿色生资企业及相关绿色食品原料标准化生产基地和绿色食品生产企业，就日常监管责任落实情况、获证企业风险隐患排查治理情况和监管机制建设情况等进行了实地督导。督导组及时汇总了问题和建议，并在培训、宣传、信息共享等工作方面调整和优化，有力地巩固了证后规范化、专业化的日常管理模式，完善了绿色生资的长效监管机制。

5. 集思广益，开拓创新，组织召开 2019 绿色生资发展论坛　11 月 30 日，"2019 绿色生资发展论坛"在第二十届中国绿色食品博览会期间举行，农业农村部农产品质量安全监管司、农业农村部农药检定所、全国农业技术推广服务中心的多位领导和行业内知名专家出席论坛并发表主旨讲话，部分省、市绿色食品管理机构负责人，绿色生资企业代表，绿色食品、有机食品企业和基地代表，相关联盟和协会代表、新闻媒体等共计 150 余人参会。与会嘉宾分别从国家政策与导向、绿色生资发展与全国肥料和农药行业机遇、区域发展的新经验新做法新措施、绿色农资供应保障体系建设、农业社会化服务工作、对接绿色食品原料标准化生产基地等多方向、多角度阐述了绿色生资在农业绿色发展、保障农产品质量安全中的重要地位。

生资是农业生产的基础，关系农业产业发展，关系农民切身利益；生资的质量安全在很大程度上决定着农产品的质量安全，发展绿色生资正是时代所需、百姓所盼。随着我国现代农业建设步伐的不断推进，绿色生资正迎来一个新的战略机遇期。

2019 绿色生资发展论坛

6. 创新思路，多措并举，提升绿色生资品牌知名度　在第二十届中国绿色食品博览会上，由40家企业组成的绿色生资展团集体亮相，并在374平方米的绿色生资专门展区集中展示了获证产品，多位领导莅临绿色生资展位考察指导。参展企业共同宣传推广了绿色生资安全、优质、环保的发展理念，并主动与绿色食品企业基地、有机食品企业基地进行了充分交流和高效对接，优质的绿色生资产品得到了各省绿色食品企业、基地的热烈追捧。绿色生资展团荣获本届绿博会的最佳组织奖，6个绿色生资产品斩获博览会金奖，2家企业获得优秀商务奖。

10月28～29日，在第二十一届全国肥料信息交流暨产品交易会（全国肥料"双交会"）上，绿色生资企业同样闪亮登场，带"绿色"头衔的获证企业和产品成为双交会上的焦点。此次参展的绿色生资产品种类丰富、样式多样，包括了生物有机肥、含氨基酸水溶肥料、有机无机复混肥料等业内热门类别，绿色生资的团体亮相得到众多肥料企业、经销商和媒体的关注，前来咨询、洽谈的客商络绎不绝。

第二十届中国绿色食品博览会上绿色生资展区

7. 加强培训，优化指导，强化管理员队伍建设 2019年9月3～6日，2019年绿色生资注册管理员培训班暨第三届上农论坛在上海举办，中国绿色食品发展中心、上海市农业农村委员会等相关单位领导出席会议，浙江省农业科学院农产品质量标准研究所和中国农业科学院农业资源与区划研究所两位专家专业授课。培训班采取理论学习和现场教学相结合的培训模式，全面系统地对绿色生资管理员进行业务培训。

（四）信息化建设

2019年，中国绿色食品发展中心适应形势，加强统筹协调和顶层设计，强化组织领导，加快推进绿色食品、有机农产品和农产品地理标志信息化建设步伐。

1. 策划"两品一标"信息系统平台建设 通过开展咨询调研，先后拟定了《新阶段"两品一标"信息化建设工作方案》，制订了《"两品一标"审核与管理信息平台建设初步方案》，邀请部分省级绿色食品工作机构的专家进行了研讨、分析和论证。在农业农村部农产品质量安全监管司的指导下，在福建省绿色食品发展中心的配合下，编制了《"两品一标"审核与管理信息系统建设项目可行性研究报告》。

2. 开发绿色食品原料标准化基地功能 依托现有金农工程——绿色食品网上审核与管理系统，组织开发全国绿色食品原料标准化基地管理功能模块，以实现原料标准化生产基地创建、验收、续报等业务的线上办理。系统功能已建设完成，基本具备试运行条件。计划2020年在部分省份开展试运行，优化完善后在全国推广应用。

3. 优化绿色食品审核与管理信息系统功能 2019年，根据业务需求，持续对金农工程——绿色食品网上审核与管理系统进行优化升级，共完成20余处功能改造，主要包括增加国家级贫困县审核产品统计，补充完善业务报表导出功能，撤销证书信息跟踪管理，检查员、监管员注册管理功能修改。同时，为了提升系统性能，对绿色食品内检员、申报业务、标志市场监察等各类办结和失效数据定期进行清理迁移。

4. 不断提升中国绿色食品发展中心网站影响力 2019年，中国绿色食品发展中心网站发布新闻、通知、公告等各类信息400多篇次。网站全年总访问人数约154万人，总访问次数约 341 万人次，同比分别增长 4.1% 和 23.1%，在农业农村部直属单位网站群排名第四。全球共有 50 多个国家和地区人员对中国绿色食品发展中心网站进行了访问浏览。

中国绿色食品发展中心网站地址：

http://www.greenfood.org

http://www.greenfood.org.cn

http://www.greenfood.agri.cn

中国绿色食品
发展中心网站
二维码

中国绿色食品发展中心网站首页

五、体系建设

（一）绿色食品工作机构

截至 2019 年，全国已建立省级绿色食品工作机构 36 个，地（市）级绿色食品工作机构 451 个，县（市）级绿色食品工作机构 2 414 个；全国县（市）及以上机构共有专职工作人员 2 424 人，兼职人员 4 204 人。

2019 年全国绿色食品工作体系与人员数量

机构及人员	单位	数量
省级机构	个	36
人员	人	535
专职人员	人	433
兼职人员	人	102
地（市）级机构	个	451
人员	人	1 622
专职机构	个	198
人员	人	873
专职人员	人	505
兼职人员	人	368
挂靠机构	个	253
人员	人	749
专职人员	人	190
兼职人员	人	559
市（县）级机构	个	2 414
人员	人	4 471
专职机构	个	585
人员	人	1 411
专职人员	人	758
兼职人员	人	653
挂靠机构	个	1 829
人员	人	3 060
专职人员	人	538
兼职人员	人	2 522

（二）绿色食品定点检测机构

30 年来，中国绿色食品发展中心按照"统筹规划，合理布局，择优委托"的原则，建立了一支技术可靠、诚实守信的检测机构队伍，为事业持续健康发展提供了有力的技术支撑。2019 年，按照农业农村部农产品质量安全监管司农产品质量安全专项整治统一部署，以"提升绿色食品认证影响力"为目标，将进一步提升绿色食品定点检测机构能力和水平作为"农产品质量安全整改提升行动"的推进措施之一。专项行动进一步优化了检测机构队伍，健全了管理制度，提升了检测能力和水平。

1. 增加部级质检机构委托 为充分发挥部级质检机构在检测技术、科研能力等方面的重要作用，中国绿色食品发展中心着力提升部级质检机构在定点检测机构中的占比。一是向 193 家部级质检机构发出邀请函，对提交申请并符合条件的机构组织专家进行现场考核，共有 9 家机构考核通过被批准为绿色食品定点检测机构。二是对非部级质检机构进行全面梳理，终止了 17 家承担任务不多的检测机构。目前，绿色食品定点检测机构共 96 家，其中产品检测机构 83 家，环境检测机构 64 家，"双料"的 51 家；农业农村部部级检测机构 50 家，占 52%，地方农业系统和其他部委下属检测机构 18 家，占 19%；第三方检测机构 28 家，占 29%。

2. 进一步规范检测过程管理 下发《关于进一步加强绿色食品定点检测机构管理有关工作的通知》，强化采样环节可追溯性和检测分包管理。一是要求定点检测机构规范抽样行为，作好样品密封、签字及备用样保存等工作。二是严格抽样过程追溯管理，明确抽样过程中的信息采集和记录要求。三是严格检测分包管理，明确分包程序。

3. 公开检测收费标准 为提升检测机构对企业服务水平，中国绿色食品发展中心收集整理了各绿色食品定点检测机构收费标准近万条，编排后在中心网站及部网站进行公开。通过检索价格数据库，企业可以清楚了解所选检测机构的绿色食品相关检测项目和价格，也可以对各检测机构的检测价格进行横比，方便了企业自主选择定点检测机构。

4. 举办业务培训班 12 月中旬，中国绿色食品发展中心在北京举办了 2019

年绿色食品定点检测机构培训班。培训班通报了农业农村部有关全面从严绿色食品定点检测机构管理的新要求，组织学习了中国绿色食品发展中心近期出台的新制度、新措施和新标准，并邀请知名专家进行了检测专题讲座，培训班取得良好效果。

5. 检测机构能力提升行动　按照 2019 年初部署的"检测机构能力提升行动"，中国绿色食品发展中心组织 151 家绿色食品、农产品地理标志检测机构参加了农业农村部农产品质量安全监管司组织的检测机构能力验证工作。本次能力验证考核范围广、要求高，涉及农药残留、畜禽和水产品药物残留、农产品中重金属、土壤中重金属多个项目。中国绿色食品发展中心对个别能力验证不合格单位作出限期整改决定。

(三)"三员"队伍

绿色食品检查员、监管员和企业内检员是推动事业发展的重要技术力量，"三员"队伍的培训是事业发展的基础工作。为进一步加强"三员"培训工作，加快提高培训班的授课质量和专业水平，充分发挥工作系统优秀人才的专业优势，中国绿色食品发

2019 年全国绿色食品检查员标志监督管理员师资培训班

展中心于4月下旬在无锡举办了"2019年绿色食品检查员标志监督管理员师资培训班"。按照《绿色食品培训大纲》有关培训师资的规定，中国绿色食品发展中心结合考试成绩和绿色食品工作经历，对参加培训的84人进行了资格审核，共有42人符合培训师资标准，成为全系统绿色食品业务培训授课师。全年共举办绿色食品检查员监管员培训班32期，培训人数4 000余人次。

2019年，全国新注册检查员573人，目前有效检查员2 895人；新注册监管员605人，有效监管员2 047人；新注册企业内检员21 602人，当年有效企业内检员44 793人。

地方典型

广东省高度重视加强体系队伍能力建设

广东绿色食品办公室把对各级工作机构的检查员和企业内检员培训作为发展"三品一标"的事业保障。结合工作实际，2019年广东省举办了全国绿色食品检查员和监督管理员培训班、全省农产品地理标志核查员暨"三品"检查员培训班、5期全省绿色食品企业内检员培训班，召开了全省"三品一标"工作会议，全年共培训了各级工作机构检查员、核查员、技术员和企业内检员近1 100人次。

（四）专家队伍

绿色食品专家队伍是绿色食品事业发展强有力的技术支撑，为充分利用社会资源和专业技术力量，中国绿色食品发展中心根据事业发展需求和业务需要，不断完善专家结构。截至2019年，累计专家人数400余位。专家们主要来自国家行政管理部门、科研单位、检测机构、大专院校等相关业务领域，主要参与绿色食品理论研究、标准制修订、标志许可审核和日常业务咨询等工作，是一支高效精干的权威技术队伍。

六、 品牌建设

（一）标志商标管理

1. 商标注册情况　截至 2019 年，中国绿色食品发展中心在境内注册的证明商标共涉及 9 个商品类别、10 种形式、93 件商标，基本涵盖了食用农产品和加工品。截至 2019 年，绿色食品标志已在美国、法国、葡萄牙、俄罗斯、英国、芬兰、新加坡、澳大利亚、日本、韩国、中国香港 11 个国家和地区注册成功，为绿色食品产品打入国际市场提供了更好的法律保护和支持。标志商标注册有效地保护和宣传了绿色食品品牌。

2. 商标版权保护　2019 年，中国绿色食品发展中心启动了绿色食品标志版权登记保护工作，向国家商标局提交了申请，于 2019 年 4 月 17 日登记保护成功，有效期为 50 年。此项工作为绿色食品标志在非注册类别上的保护提供了法律依据，在今后一些商标争议和异议案件中也将发挥重要作用。

（二）品牌宣传

1. 全国绿色食品宣传月　2019 年，全绿色食品系统继续开展主题为"春风万里绿食有你——绿色食品宣传月"系列活动。

在农业农村部农产品质量安全监管司的支持下，中国绿色食品发展中心联合陕西省农业农村厅于 4 月 3 日在陕西省西安市大雁塔举办了首场宣传月启动仪式。活动现场的展示品鉴、技术咨询、互动洽谈活动丰富多样，30 多家绿色食品企业带来的洛川苹果、眉县猕猴桃、银桥乳制品等知名品牌产品受到消费者的普遍欢迎。邀请的经销商与绿色食品生产企业现场产销对接，让更多优质安全的绿色食品走进市场、走进市民的生活。现场还借助网红直播，剪辑制作了多条"我为陕西绿色食品代言"等宣传短视频，播放量超过了 10 万人次，反响热烈。

继宣传月西安首场启动仪式后，在中国绿色食品发展中心的组织指导下，各省、市级绿色食品工作机构，于 4～6 月在各省、市、县组织开展绿色食品宣传月活动，全国 29 个省级绿色食品工作机构陆续开展了以绿色食品进社区、进超市、进学校为主要形式的集中宣传推介活动 299 场次。2019 年，还增加了扶贫产品推介、采购商现场洽谈等多种形式，丰富活动内容。据不完全统计，全国绿色食品宣传月活动期间共展出 1 500 余家绿色食品企业（包含 289 家贫困县企业）的万余个产品，现场意向签约金额达 8 632 万元，共接待消费者 135 000 余人，活动现场悬挂宣传板、LED 宣传屏、横幅 2 100 余条，发放《绿色食品 你知我知大家知》、农产品安全知识普及和各类产品宣传页等宣传手册 36 000 余册，各省份网络、微信平台发布推文、视频信息 10 000 余条。宣传月活动期间，各省份邀请当地媒体记者对活动现场进行采编和直播，共形成新闻报道 1 515 篇。宣传月活动有声势、有影响、有创新、有成效，辐射全国，由省至县，由点到面，上下联动，共同推动，提升了绿色食品品牌公信力和影响力。

地方典型 1

江 苏

4 月 20 日，"春风万里 绿食有你" 2019 年江苏省绿色食品宣传月活动启动仪式在江苏南京举行。2019 年的绿色食品宣传月活动突出产销对接、引领绿色食品消费，围绕绿色食品产业对接市场组织开展了一系列活动。江苏省绿色食品办公室与南京盒马网络科技有限公司签订产销对接战略合作协议，南京秦邦吉品农业开发有限公司等 10 家江苏农业企业签约授牌首批江苏 "盒马农产品合作基地"。

宣传月活动启动仪式现场设置了绿色食品展示专区，洪泽湖大闸蟹、苏州水八仙、南通狼山鸡等 50 余种绿色农产品、地理标志农产品集中亮相，为市民消费者感受江苏绿色食品品牌魅力，营造了一场 "色、香、味" 俱全的 "盛宴"。

地方典型 2

新 疆

3 月 27 日，新疆维吾尔自治区农业农村厅 "2019 年放心农资下乡进村宣传周和绿色食品宣传月活动" 在伊宁市东城农资市场启动。启动仪式现场设立了咨询台、投诉台、绿色食品专区等，向群众宣传绿色食品发展理念、绿色食品相关标准、绿色食品消费知识，以及如何识别绿色标志等内容。

启动仪式后在南疆四地州的阿克苏地区、克州和喀什地区陆续开展了 13 场绿色食品宣传月活动。阿克苏地区八县一市做到绿色食品宣传月活动全覆盖，活动方式新颖多样，活动进超市、进广场、进集市、入社区。库车县搭乘"库车县首届杏花节"的快车，将绿色食品宣传与"古韵龟兹丝路库车"文化品牌宣传融为一体，向全县各族群众和前来参加"杏花节"的游客、媒体、"全国旅游同业踩线团"百余名旅游从业者推介企业产品，宣传绿色食品发展理念，普及绿色食品相关知识。宣传月活动期间，各工作机构还向企业及参会人员发放了《绿色食品　你知我知大家知》知识手册和有关食品安全知识手册近万份，有近 30 余家绿色食品企业 92 个产品参加活动并进行产品的宣传展示。活动现场集中展示了天佳面粉、昭露菜籽油、玉露大米、刀郎红枣、爱疆苹果、钟华香梨、有机面粉、罗布麻蜂蜜、薄皮核桃、巴仁杏干、精制加碘盐等。

2. 借助资源，扩大宣传　2019 年，中国绿色食品发展中心继续与《农民日报》、《中国农村杂志》、《农产品质量与安全》杂志、农产品质量安全中心网站、《优质农产品》杂志等媒体及单位深入开展宣传合作，以开设专版、专栏、专题等方式，系统、持久地做好绿色食品品牌宣传工作。全年共计发表文章 210 篇、网站新闻 357 篇、微信文章 13 篇。

3. 做好新媒体宣传　中国绿色食品发展中心主办的"中国绿色食品"和"绿色食品博览"微信平台定期推送绿色食品相关动态和科普知识，全年两个公众号累计发送图文信息 219 篇，原创性文章 85％以上，累计阅读 19 万人次。开设的"品牌故事""当季优品""家乡记忆""扶贫产品"等栏目受到"绿粉"们的喜爱，举办的"相知绿食·阅读有礼""走遍中国找地标""微信矩阵"等平台活动受到工作系统和社会公众的热情参与，参与活动人数 160 597 人次。

中国绿色食品微信公众号

（三）市场建设

由中国绿色食品发展中心、中国绿色食品协会、河南省农业农村厅、郑州市人民政府共同主办的第二十届中国绿色食品博览会于 2019 年 11 月 29 日至 12 月 1 日在郑州国际会展中心举办。30 多家中央、地方媒体记者到会积极宣传、深入报道展会盛况，介绍各地绿色优质农产品及其背后的品牌故事，特别是新浪、今日头条、凤凰网、中原网、大象网等网络媒体在展馆进行了现场直播，在网上吸引了约 110 多万观众关注本届绿色食品博览会。绿色食品博览会期间，《新闻联播》专门对绿色食品发展情况进行了播报。

本届绿色食品博览会有以下显著特点：

1. 受到各有关方面的高度重视 农业农村部于康震副部长，河南省人民政府武国定副省长，农业农村部马爱国总农艺师，国务院扶贫办原主任刘坚，农业农村部农产品质量安全监管司肖放司长、程金根一级巡视员，河南省农业农村厅和郑州市人民政府领导等出席开幕式，巡馆指导并出席有关活动。各省（自治区、直辖市、新疆生产建设兵团）农业农村行政部门及部分地市的 30 多位厅局级领导率团到会参展。

第二十届中国绿色食品博览会

2. 全面展示了事业发展成果　本届绿色食品博览会展示面积1.65万平方米，有来自37个展团的2 575家企业参展，参展企业数量为历届之最。展品琳琅满目，特色纷呈，展示精美，包装新颖。整个展会的绿色食品文化元素体现充分，氛围浓厚，特色鲜明。

3. 彰显绿色优质农产品产销对接大舞台特色　本届绿色食品博览会通过专业展览公司广泛推介、上门拜访、发邀请，以及河南省农业农村厅及郑州市人民政府宣传动员，进一步加大了采购商的邀请力度，共有约1 200多家采购商前往郑州参加绿色食品博览会，与广大参展商洽谈合作、对接贸易。京东生鲜、天猫超市、易果生鲜、永辉超市、深圳四季鲜生农产品连锁、好味特大连等一大批有平台、有渠道、有客户、有会员的流通企业，派出专门采购组参加绿色食品博览会。展会期间，地方展团还举办了14场专题推介会、发布会、说明会。

4. 推动绿色食品事业的发展　30多家中央、地方媒体记者到会积极宣传、深入报道展会盛况，介绍各地绿色优质农产品及其背后的品牌故事。特别是新浪、今日头条、凤凰网、中原网、大象网等网络媒体在展馆进行了现场直播，在网上吸引了约110多万观众关注本届绿色食品博览会。绿色食品博览会期间，组委会及有关单位还举办了"2019绿色食品产业发展高峰论坛"等涉及绿色食品、有机食品、绿色生资的三场专题论坛和研讨会，20多位领导、专家、企业家发表了精彩演讲，500多人出席了论坛研讨活动。

七、境外交流与合作

（一）海峡两岸交流与合作

中国绿色食品发展中心与中国绿色食品协会自 2014 年开始就先后与台湾海峡两岸商务协调会、台湾绿色食品暨生态农业发展基金会开展绿色食品、有机食品的交流与合作。2017 年以来，在农业农村部台湾农业事务办公室的积极推动下，海峡两岸绿色食品有机食品的合作交流取得积极进展。2018 年 12 月，中国绿色食品协会与台湾绿色食品暨生态农业发展基金会在厦门签署了《海峡两岸绿色食品有机食品交流合作备忘录》。为全面推动备忘录加快落地，拓展海峡两岸农业交流的新领域，搭建合作新平台，促进两岸绿色优质农产品的发展与流通，应财团法人台湾绿色食品暨生态农业发展基金会邀请，农业农村部农产品质量安全监管司组团，农业农村部农产品质量安全监管司、农业农村部机关党委、农业农村部台湾农业事务办公室、中国绿色食品发展中心、中国绿色食品协会等单位组成 12 人参访团，于 2019 年 6 月 16～22 日，由中国绿色食品发展中心张华荣主任带队赴台进行了研讨与交流。在台期间，举办了"海

海峡两岸绿色食品、有机食品发展交流座谈会

峡两岸绿色食品、有机食品发展交流座谈会"及台湾地区首期"绿色食品检查员及标志监督管理员、企业内部检查员培训班",为台湾企业顺利通过大陆绿色食品标志许可打下坚实基础,加快了启动台湾地区绿色食品标志许可工作的步伐,拓展了海峡两岸农业交流的新领域,搭建合作新平台,推动了两岸优质农产品品牌发展,促进了两岸优质农产品经贸交流。

(二)境外标志许可

2019 年 9 月 16～20 日,中国绿色食品发展中心派出检查组赴澳大利亚,对嘉能可农业有限公司(GLENCORE AGRICULTURE TY LTD)申请的啤酒大麦产品开展续展现场检查工作。嘉能可农业公司位于澳大利亚维多利亚州,是全球领先的谷物、油料、豆类等作物的种植、处理及加工企业,在南澳大利亚沿海的干旱农业区经营着 80 多万公顷的大麦产业。该公司已经连续 15 年获得中国绿色食品标志使用许可,是绿色食品的忠实粉丝,也是绿色食品在澳麦行业内品牌影响力的重要体现。

澳大利亚绿色食品大麦基地

（三）境外产品促销

按照农业农村部2019年农产品促销项目计划安排，中国绿色食品发展中心组织了15家绿色食品、有机食品企业于3月5～8日赴日本参加"第44届日本东京国际食品与饮料博览会（FOODEX JAPAN 2019）"。以唐泓副主任为团长的一行三人，带领企业开展绿色食品、有机食品、农产品地理标志品牌宣传、贸易促销、产品推介、交流合作等活动。在各方共同努力下，参展的企业组织管理有序规范、产品展示特色突出，增进了境外展商和采购商对我国绿色食品和有机食品的了解，将绿色食品理念进一步推向世界，进一步提升了我国优质农产品在国际上的影响力和知名度，成效显著。据不完全统计，参展企业签订订单27个，合同金额622万元，达成意向合作42个，金额1 310万元。此外，代表团还与日本自然与有机食品协会（JONA）相关负责人就中日两国农业高质量发展、有机农产品认证与技术合作进行了深入沟通与交流。

第44届日本东京国际食品与饮料博览会绿色食品展区

（四）互认合作

中国绿色食品发展中心与马来西亚棕榈油认证委员会互认合作项目取得实质性进展。2019年3月，中国绿色食品发展中心杨培生副主任带队赴马来西亚，与马来西亚棕榈油认证委员会（MPOCC）开展合作交流与技术研讨活动。2019年5月，在确定双方互认合作技术路径基础上，中国绿色食品发展中心张华荣主任与MPOCC周日昇先生在北京分别代表双方正式签署谅解备忘录，马来西亚第一产业部部长郭素沁女士率团16人参加签约活动。双方正式确立互认合作关系，这是中国绿色食品发展中心聚焦绿色食品一个产业领域、整体推进国际互认的有益探索。下一步双方将按照备忘录约定，加快推进输华马来西亚棕榈油产品的绿色食品标志许可工作，促进中马双方农产品贸易互信互利，为两国人民提供更多的绿色优质农产品。

绿色食品代表团考察马来西亚棕榈油产品基地

第三篇

中绿华夏有机农产品

湖北省宣恩县全国有机农产品(茶叶)基地

2019 绿色食品发展报告

第三篇　中绿华夏有机农产品

一、产品发展

（一）获证企业与产品

2019年，中绿华夏有机食品认证中心认证有机企业1 184家，同比增长6.3%；产品4 381个，同比增长1.6%；共颁发有机产品证书1 795张，同比增长4.2%。

2019年中绿华夏有机农产品总体发展情况

指标	单位	数量
企业数	家	1 184
产品数	个	4 381
证书数	张	1 795
新申报企业	家	234
新申报产品	个	570
新申报证书	张	304
认证面积①	万亩	8 569.20
种植业	万亩	304.12
畜牧业②	万亩	7 546.28
渔业③	万亩	388.48
野生采集	万亩	330.12
酒及饮料	万亩	0.20

① 种植业、畜牧业、渔业、野生采集面积分别含其加工产品面积。
② 包括饲料、饲草种植认证面积（含境外认证面积）。
③ 包括淡水、海水养殖认证面积。

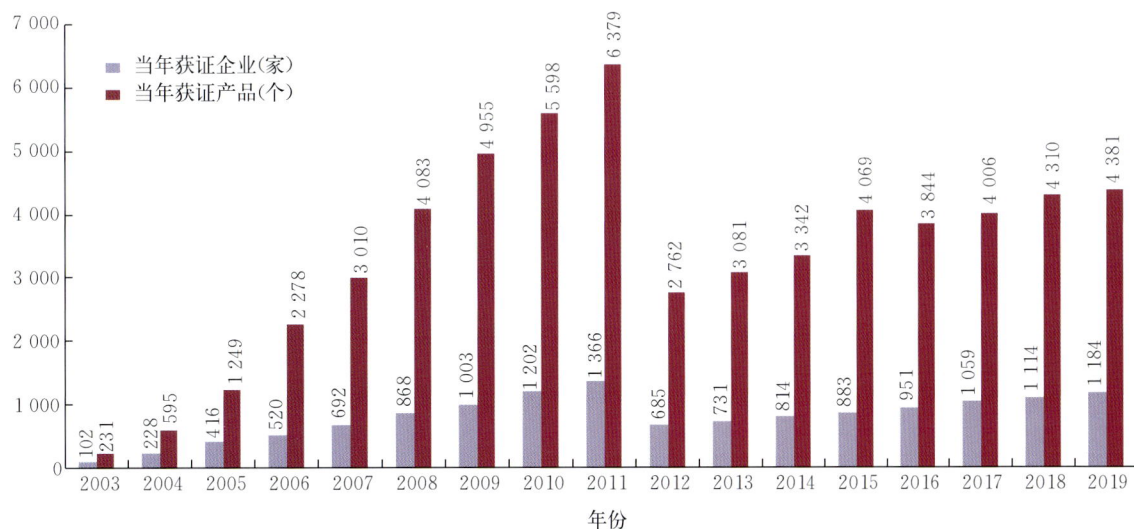

2003—2019年中绿华夏有机食品认证中心认证有机产品企业数和产品数

（二）获证产品结构

2019 年，中绿华夏有机食品认证中心认证的产品中，种植业产品 2 901 个，占 66.2%；畜牧业产品 381 个，占 8.7%；渔业产品 378 个，占 8.6%；野生采集产品 620 个，占 14.2%；酒类和饮料 101 个，占 2.3%。

2019 年中绿华夏有机农产品发展情况

产品	产品数（个）	产量（万吨）	基地面积（万亩）
种植业	2 105	203.89	304.12
粮食作物	598	69.86	114.76
薯类	37	6.62	10.05
油料作物	76	14.21	45.68
豆类	147	8.15	52.98
棉花	1	0.002	0.01
糖料	3	4.2	2.25
蔬菜	169	1.63	8.22
水果和坚果	226	12.62	20.43
茶叶	726	2.96	10.11
中草药	64	1.61	5.31
饲料原料	58	82.03	34.32
畜牧业	156	8.13	6 808.74
肉类	132	8.02	6 807.06
禽蛋类	24	0.11	1.68
渔业	363	33.81	388.48
野生采集	263	9.14	330.12
加工业	1 494	225.35	737.74
粮食加工	804	10.22	0.97
其他淀粉制品	13	0.44	0.27
水果和坚果加工	186	5.14	11.89

（续）

产品	产品数（个）	产量（万吨）	基地面积（万亩）
畜产品加工	56	0.07	0.08
渔业产品加工	15	0.46	87.67
食用油	101	5.46	0.24
制糖	9	0.9	0.05
酒类	90	10.03	0.16
饮料	11	0.14	0.04
饼干及其他焙烤食品制造	22	0.01	0.001
乳品加工	169	192.4	636.35
米、面制品制造	18	0.08	0.02
总计	4 381	480.23	8 569.2

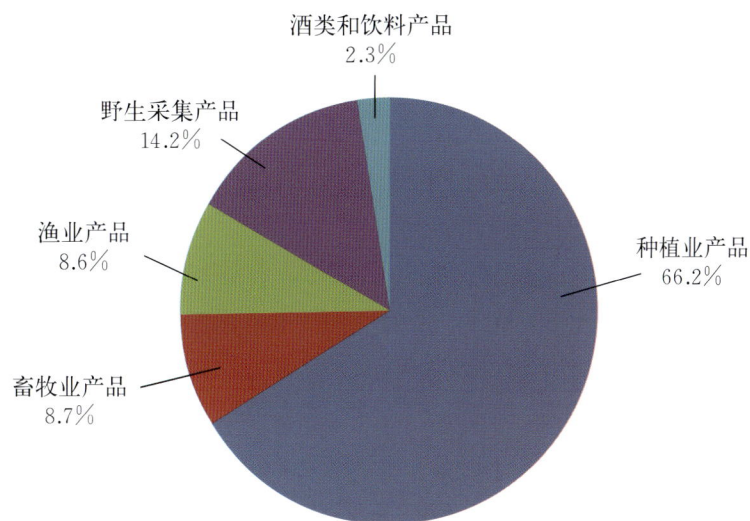

2019 年中绿华夏认证产品结构

注：种植业产品、畜牧业产品、渔业产品、野生采集产品分别含其加工品。

（三）区域发展情况

2019 年，中绿华夏有机食品认证中心认证有机农产品企业数最多的 5 个省份是黑龙江、江苏、内蒙古、湖北、湖南；认证有机食品生产面积最大的 5 个省份是青海、黑龙江、四川、甘肃、新疆。

2019 年中绿华夏有机农产品发展情况

地区	企业数（个）	产品数（个）	产量（万吨）	基地面积（万亩）
安徽	26	61	0.44	51.43
北京	17	62	4.49	22.36
福建	41	210	4.55	10.86
甘肃	44	196	12.08	304.89
广东	29	96	0.90	2.08
广西	42	144	4.57	28.7
贵州	3	3	0.32	0.37
海南	11	19	0.07	0.25
河北	48	135	3.31	13.3
河南	20	52	0.65	1.55
黑龙江	136	820	24.38	375.38
湖北	69	226	4.40	60.09
湖南	66	252	3.61	18.76
吉林	34	149	2.56	55.39
江苏	77	184	1.27	5.98
江西	28	109	3.34	34.94
辽宁	24	101	2.38	43.97
内蒙古	70	226	186.14	101.77
宁夏	21	42	1.62	4.09
青海	16	170	8.11	6 640.02
山东	65	191	30.50	19.13
山西	44	135	2.02	17.61
陕西	8	12	1.85	1.05
上海	12	20	1.35	4.18
四川	39	91	4.45	367.52
天津	1	5	0.01	0
西藏	3	13	0.86	4.52

（续）

地区	企业数（个）	产品数（个）	产量（万吨）	基地面积（万亩）
新疆	15	56	2.68	107.95
云南	15	57	1.14	2.28
浙江	11	28	0.21	0.4
重庆	35	93	3.59	19.39
台湾	5	26	0.02	0.02
海外	109	397	155.11	248.97
总计	1 184	4 381	480.23	8 569.2

（四）贫困地区发展情况

为促进贫困地区有机农业发展，配合打赢脱贫攻坚战，中绿华夏有机食品认证中心全年共为 195 家贫困县企业减免有机认证费用 143.11 万元。其中，为西藏地区和四省藏区 15 家企业减免认证费用 17.10 万元；为环京津冀贫困地区 13 个企业减免认证费用 11.92 万元；为大兴安岭南麓片区 6 家企业减免认证费用 4.32 万元。

二、基地建设

（一）全国有机农产品基地发展情况

全国有机农产品示范基地工作启动于 2010 年，截至 2019 年，已有山西、内蒙古等 16 个省份建成了 30 个全国有机农产品基地，涉及水稻、茶叶、畜产品、水果、蔬菜等多种地区优势农产品和特色产品，种植基地面积 249 万亩，天然放牧基地面积 2 480 万亩。2019 年 4 月，为贯彻落实关于打赢精准脱贫攻坚战三年行动部署，中国绿色食品发展中心决定发挥行业优势，积极扶持贫困地区开展全国有机农产品基地建设，推进产业扶贫和品牌扶贫。

有机农产品基地建设工作充分利用农业系统资源条件，发挥工作体系优势，聚焦生态、环保，满足市场多元化、绿色化消费需求，是推进有机农业发展的重要措施。

经过多年实践，探索出一条通过抓有机农产品基地建设、积极推动农业高质量发展、提升农产品质量安全水平、保护生态环境和促进农业提质增效的发展新途径，在产业扶贫、农业绿色发展和乡村振兴中发挥着示范引领作用。

青海省泽库县全国有机农产品（牦牛、藏羊）基地

（二）全国有机农产品基地亮相有机食品博览会

2019年，按照中国绿色食品发展中心总体安排部署，第十三届中国国际有机食品博览会中首次设置了"全国有机农产品基地"展区，全面宣传展示了有机农产品基地工作整体情况，基地参展形式和内容得到了大多省份农业行政主管部门和基地县人民政府的认可与好评。农业农村部领导参观基地展区并听取了基地总体汇报，对有机农产品基地的开展情况和取得的成效给予了充分肯定。

全国有机农产品基地展区标准展位20个，面积180平方米。经审核与筛选，共有17个省份的32个基地参展，其中有机农业示范基地23个、扶贫基地8个，另有1家有机农业一二三产业融合发展示范园区。参展基地品种涉及水稻、茶叶、畜产品、水果、蔬菜等多种地区优势农产品和特色产品。

三、证后监管

（一）产品抽检

中绿华夏有机食品认证中心制订了质量监督抽检方案，2019 年共安排抽检产品 351 个，抽检合格率为 96.9％，发现不合格产品 11 个，中国绿色食品发展中心已对这些产品和企业进行了相关处理。近三年，对茶叶、稻米、茶油、蔬菜等高风险产品实施了全覆盖式抽检，摸清了底数，防范了风险。

（二）监督检查

中绿华夏有机食品认证中心对全国的 56 家企业下达了监督检查计划，重点针对企业的规范用标、缓冲带设置、可追溯体系及上年度农产品专项检查中发现的问题等进行监督。中绿华夏有机食品认证中心对认证的全部蔬菜企业进行了监督检查，并全部安排了抽检。

四、品牌建设

（一）中国国际有机食品博览会

2019 年 11 月 29 日至 12 月 1 日，第十三届中国国际有机食品博览会在郑州成功举办。此次有机博览会共吸引来自国内外 538 家有机食品企业及相关机构参展，展示了丰富多样的有机产品。博览会期间，组委会专门组织了"有机食材品鉴活动"等 10 余场产品推介和产销对接活动，进一步突出了展会的市场对接作用和互动交流作用，增加了吸引力。来自意大利、日本、韩国等多个国家和地区的 30 余家境外参展企业，数十家境外采购商到会，体现了博览会较高的国际影响力。展会期间还举办了"第十四届有机食品市场与发展国际研讨会"，多位政府主管领导、行业专家、国际组织和企业代表莅临会议，进一步提升了展会的专业化和国际化水平，向打造"专业化、国际化、市场化、信息化、品牌化"高水平展会迈进了一大步。

（二）电商平台线上推广

为帮助农业系统有机食品企业拓展市场，推进有机农业健康发展，促进企业增效和农民增收，中绿华夏有机食品认证中心深入开展与"人民网-人民优选""工商银行融e购""源食俱乐部"等优质电商销售平台合作，推进有机食品企业入驻上线工作，推动完成融e购平台绿色有机馆技术建设。目前，已有100余家有机食品企业与平台达成了合作意向，签约入驻了各销售平台。

五、国际化发展

（一）境外认证

2019年，境外新申报企业50家，项目61个。截至2019年底，共有37个国家和地区118家企业的435个产品通过中绿华夏有机食品认证中心有机认证，企业数和产品数分别比2018年增长16.8％和26.8％，共颁发境外证书138张，占比超过全国境外证书总数的1/4，境外企业发展证书数量稳居国内有机认证机构首位。

（二）境外交流与合作

中绿华夏有机食品认证中心于2019年3月在第44届日本国际食品与饮料博览会期间与日本JONA就市场拓展、主题宣传、业务培训等方面合作开展洽谈；6月，与意大利博洛尼亚展览集团开展会谈，为中国绿色食品发展中心的境外市场开拓开辟了一条"以销带产"的新途径；9月，与国际有机农业运动联盟（IFOAM）CEO Louise Luttikholt女士和IFOAM亚洲秘书长李峰先生就有机农业技术交流、有机内检员培训、世界有机大会等方面开展会谈并交流合作意向，为中国绿色食品发展中心与国际有机农业著名权威机构开展深入合作奠定了基础。

与国际有机农业运动联盟会谈

2019 年 6 月 26 日至 7 月 3 日，以中国绿色食品发展中心陈兆云副主任为团长的一行两人，赴丹麦和立陶宛开展有机农业系列交流活动。访问期间，代表团与丹麦、立陶宛两国有机农业行政主管部门和多家有机产品认证企业进行了沟通与交流，调研了两国有机产品市场销售情况。此外，代表团还在哥本哈根举办了首届欧洲有机产品认证企业内检员培训班，来自欧洲 12 个国家 23 家企业的 30 名企业代表参加了培训。通过开展此次系列交流活动，进一步加深了与出访国家有机农业行政管理部门的交流，拓展了中国绿色食品发展中心所属中绿华夏有机食品认证中心在欧洲的影响，为下一步开展有机境外业务打下了坚实的基础。

2019

绿色食品发展报告

第四篇

农产品地理标志

贵州省地理标志农产品梵净山茶种植基地

一、发展情况

（一）产品登记情况

2019 年，新公告颁证农产品地理标志 255 个，其中，国家级贫困县登记公告 67 个产品，涉及 17 个省份的 56 个县，变更换证 10 个产品。

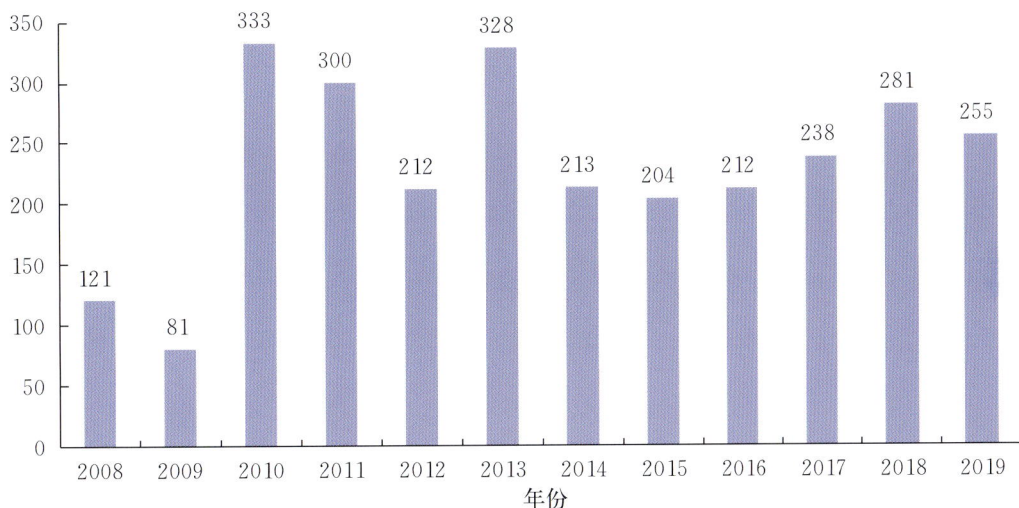

2008—2019 年当年农产品地理标志产品登记情况（个）

截至 2019 年底，全国累计登记农产品地理标志 2 778 个。在全国 832 个国家级贫困县中，有 392 个县（区、市、旗）开展了农产品地理标志登记保护工作，占贫困县总数的 47.1%；共登记 717 个农产品地理标志，占已公告产品总数的 25.81%。

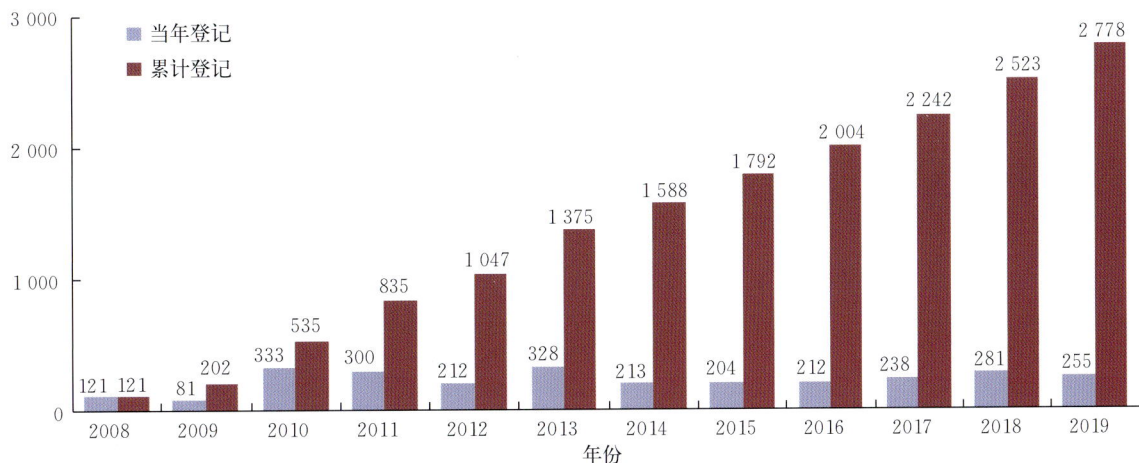

2008—2019 年当年和累计登记农产品地理标志产品数（个）

（二）登记产品结构

2019 年，在全国登记的农产品地理标志中，种植业产品 2 114 个，占 76.1%；畜牧业产品 447 个，占 16.1%；渔业产品 217 个，占 7.8%。

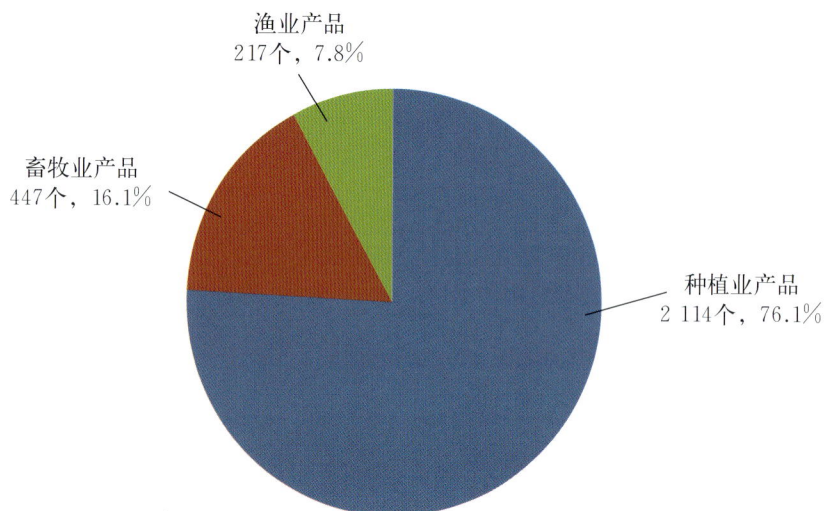

2019 年农产品地理标志登记产品结构

2019 年，全国登记的农产品地理标志中果品有 760 个，占登记产品总数的 27.4%；蔬菜产品 466 个，占 16.8%；肉类产品 376 个，占 13.5%；粮食产品 347 个，占 12.5%；水产动物产品 211 个，占 7.6%；茶叶产品 164 个，占 5.9%；药材产品 169 个，占 6.1%。上述 7 类产品占登记产品总数的 89.8%，其他产品 285 个，占 10.2%。

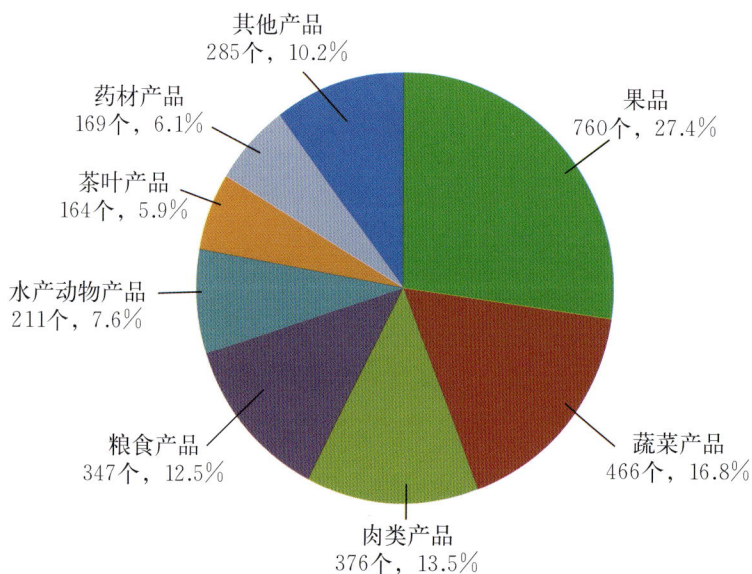

2019 年农产品地理标志登记产品类别

（三）区域发展情况

2019 年，我国东部地区登记农产品地理标志 718 个，占全国总数的 25.8%；中部地区登记 671 个，占全国总数的 24.2%；西部地区登记 1 131 个，占全国总数的 40.7%；东北地区登记 258 个，占全国总数的 9.3%。

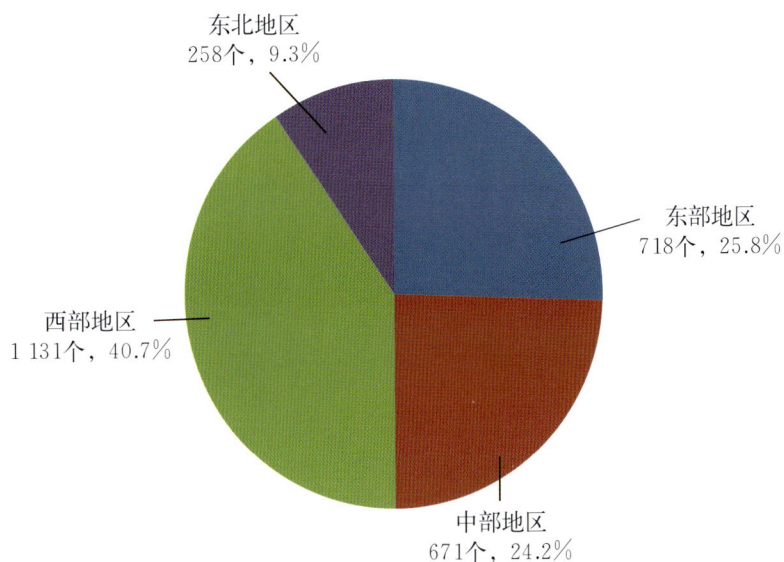

东北地区
258个，9.3%

东部地区
718个，25.8%

西部地区
1 131个，40.7%

中部地区
671个，24.2%

2019 年份区域登记农产品地理标志数据结构

地方典型

陕西大荔冬枣"漂洋过海"闯市场

陕西省大荔县先后被国家有关部门命名为"中国枣乡""全国冬枣标准化生产示范县"。目前，大荔冬枣"漂洋过海"，已出口到全世界 40 个国家和地区，深受国内外消费者的青睐。

截至 2019 年，大荔县冬枣种植面积达到 42 万亩，全县有 30 多万人和 300 余家公司直接参与冬枣产业，已发展成为集种植、销售、加工、储藏、物流、旅游、科研为一体的产业集群，成为全国最大的鲜食冬枣生产基地。

2019 年，大荔县冬枣实现产值 50 亿元。全县拥有近千家冬枣生产合作社，种植总面积、总产量和总产值均为全国第一，并且种植面积仍以每年 3 万～5 万亩的速度递增。冬枣已成为大荔群众致富的"金蛋蛋"。

（四）工作机构

2019年，全国省级农产品地理标志工作机构46家，农产品地理标志定点检测机构110家。

二、保护工程

2019年《政府工作报告》提出"实施地理标志农产品保护工程"。将利用5年时间，聚焦粮油、果茶、蔬菜、中药材、畜牧、水产六大品类，在全国范围内打造1 000个地域特色鲜明、具有发展潜力、市场认可度高的地理标志农产品知名品牌。

三、证后监管

2019年，中国绿色食品发展中心组织对辽宁、黑龙江、江西、山东、湖北、湖南、广西、四川、贵州、陕西、甘肃11个省份的省级农产品地理标志工作机构32个获证产品128个样品进行跟踪监测。从结果看，安全指标合格率100%，特色品质符合率仍有提升的空间。

四、培训情况

2019年，中国绿色食品发展中心举办了3期全国性农产品地理标志专题培训班，培训内容涵盖区域公共品牌打造、知识产权保护、登记常见问题解析、经验交流等，参训人员近400人。中国绿色食品发展中心还支持省级工作机构及相关单位举办了6期农产品地理标志核查员培训班，参训人数600余人。

五、宣传工作

（一）活动宣传

2019 年 5 月 9 日，中国绿色食品发展中心组织有关省级工作机构参加了由中国品牌建设促进会主办的"2019 中国品牌价值评价信息发布暨中国品牌建设高峰论坛"，蒙阴蜜桃、东宁黑木耳、中宁枸杞等 29 个农产品地理标志进入区域品牌（地理标志产品）前 100 排行榜。

（二）展示推介

2019 年 11 月 15～18 日，第十七届中国国际农产品交易会期间，中国绿色食品发展中心成功举办农产品地理标志专展。本届地理标志专展参展面积近 3 000 平方米，共设立 178 个标准展位，31 个省级分展团 408 个地理标志农产品近 500 家生产企业参展，2019 年地理标志保护工程产品、国家级示范样板产品、中欧地理标志互认产品、全国品牌价值评价上榜产品均有参展。据统计，近 50％参展产品与盒马鲜生、拼多多、源食俱乐部、云顶电商等线上线下采购商、经销商达成合作意向。《中国农村杂志》对地理标志专展进行了图文直播，《农民日报》《农产品质量安全》《农产品市场周刊》及农业信息网等媒体进行专题报道，农视网为农产品地理标志开设了专题访谈栏目。

专展期间，成功举办了第五届全国农产品地理标志品牌推介会。推介会上，法国农业部原产地保护局副局长安德烈·巴利耶介绍了法国农产品地理标志发展情况，有关县（区）领导推介了当地农产品地理标志精品。推介会期间还增加了证书颁发、交流发言、嘉宾对话环节，播放了《源味中国》第二季片花，还举行了现场品鉴等活动。以"第五届全国农产品地理标志品牌推介会举办"为题的宣传报道在农业农村部网站发出后，中华人民共和国中央人民政府网站进行了转载，人民网、环球网、中国新闻网等 100 余家网络及平面媒体也都转发了相关报道。

（三）样板总结

2019 年 9 月 16～18 日，中国绿色食品发展中心在陕西西安召开了农产品地理标志应用保护推进会。会上对通过验收的 36 个样板单位创建工作进行了总结，陕西省农产品质量安全中心介绍了样板创建经验，大围山梨、梁平柚等标杆样板分享了创建心得。

六、国际交流与合作

2011 年 3 月，商务部会同农业部、国家工商总局、质检总局与欧盟委员会农业和农村发展总司、贸易总司启动了《中欧地理标志合作保护协定》谈判工作。2019 年 11 月 6 日，中欧双方宣布谈判结束，中欧地理标志产品互认保护即将开始。

中欧双方根据产品知名度、出口情况、经济效益、质量技术要求等各自选定了 100 个地理标志产品作为首批互认清单，其中有农业农村部推荐的 35 个产品。下一步，中欧双方将按照各自法律规定履行内部报批程序。协定正式签署并生效 4 年后，中欧双方将按计划在第二批地理标志保护清单中各新增 175 个产品，其中农业农村部推荐 54 个产品。

2019 年 11 月 24 日至 12 月 1 日，中国绿色食品发展中心刘平副主任带队赴法国国家地理标志管理局（INAO）和比利时欧盟委员会农业与农村发展总司开展技术交流，深入了解了欧盟以及法国农产品地理标志保护制度、政策法规、申请程序、市场监管以及地理标志农产品发展现状和食品标签制度等方面的情况。此次开展与欧盟农产品地理标志的技术交流，有利于研究借鉴法国及欧盟农产品地理标志保护在立法理念、管理模式及监管等方面的成功经验，进一步推动我国农产品地理标志登记保护和特色农业产业的发展。

代表团与法国国家地理标志管理局会谈

地方典型

安溪铁观音的品牌发展之路

2019年，安溪铁观音以1 425.43亿元位列区域品牌（地理标志产品）价值首位，也是连续第四年名列全国茶叶类区域品牌价值第一位。安溪铁观音成功的品牌发展之路，得益于安溪县在生态、品质、品牌上的深耕细作。一是护好生态。从县域大生态—茶园小生态—土壤微生态—绿色生产技术推广4个层面立体推进，为安溪铁观音茶叶发展奠定生态基础。在福建省首创"山长制"，推广应用生态调控、农艺改良、物理防控、生物防治等绿色生产技术，扎实推进茶园减农药减化肥工程。二是做好品质。大力弘扬工匠精神，成功举办三届安溪铁观音大师赛，选拔制茶大师、名匠和优秀制茶能手等，进一步激发茶农特别是年轻人从事茶业的热情，为保障产品的优良品质提供有力的人才支撑。三是打好品牌。全县培育安溪铁观音地理标志证明商标准用企业132家，绿色食品、有机食品和无公害农产品认证企业64家，市级以上商标104件，全面实行合格证与一品一码追溯制度。针对各地造假现象，成立打假小组，遏制"劣币驱逐良币"的现象，引导消费者认标消费、认牌选购、认码追溯。

福建安溪铁观音茶叶基地